EFFECTIVE READING

学习型头脑读书法

持续可行的
阅读教育

[韩] 崔胜弼 / 著　周尧 / 译

U1012687

中国传媒大学出版社
·北京·

图书在版编目（CIP）数据

学习型头脑读书法：持续可行的阅读教育 /（韩）崔胜弼著；周尧译. -- 北京：中国传媒大学出版社，2023.7

ISBN 978-7-5657-3317-8

Ⅰ. ①学… Ⅱ. ①崔… ②周… Ⅲ. ①中小学生－读书方法 Ⅳ. ① G632.46

中国版本图书馆 CIP 数据核字（2022）第 194846 号

공부머리 독서법 (Effective Reading)
Copyright © 2018 by 최승필 (Choi Seung Pil, 崔胜弼)
All rights reserved.
Simplified Chinese translation Copyright © 2023 BEIJING JINRIJINZHONG BOOKSELLING CENTER
Simplified Chinese language edition is arranged with CHAEKGURU through Eric Yang Agency

本书中文简体版由北京今日今中图书销售中心授权中国传媒大学出版社在中国大陆出版。
非经书面同意，不得以任何形式任意复制、转载。

北京市版权局著作权合同登记图字：01-2022-5743号

学习型头脑读书法：持续可行的阅读教育

XUEXIXING TOUNAO DUSHUFA : CHIXU KEXING DE YUEDU JIAOYU

著　　者　[韩] 崔胜弼
译　　者　周　尧
策　　划　马双才
责任编辑　欧丽娜
封面设计　北京今日今中
责任印制　阳金洲

出版发行　中国传媒大学出版社
社　　址　北京市朝阳区定福庄东街 1 号　　**邮　　编**　100024
电　　话　86-10-65450528　65450532　　**传　　真**　65779405
网　　址　http://cucp.cuc.edu.cn
经　　销　全国新华书店

印　　刷　涿州市旭峰德源印刷有限公司
开　　本　880mm × 1230mm　1/32
印　　张　8
字　　数　173 千字
版　　次　2023 年 7 月第 1 版
印　　次　2023 年 7 月第 1 次印刷

书　　号　ISBN 978-7-5657-3317-8/G · 3317　　**定　　价**　49.80 元

本社法律顾问：北京嘉润律师事务所　郭建平

序言

阅读——真正的学习方法

记得我刚刚当老师的时候，班里全是成绩优异的学生，平均分90分的学生都无法挤进优等生的行列。这些小学生能解答初中的数学题，能听懂高级别的英语课，对历史典故也了如指掌，总而言之，他们的知识储备非常丰富。虽然一周的课外时间都被各种辅导班瓜分殆尽，但是孩子们却看不出一丝疲倦，反而很喜欢上课外辅导班。他们跟英语外教练摔跤，跟学校老师侃大山，跟朋友们开玩笑，个个生龙活虎。

“早教和课外辅导的威力真是了不起，谁能赢得了这样一群孩子呢？”

这是我发自肺腑的感慨，也是我刚刚踏入韩国私立教育第一区——大峙洞时，它留给我的第一印象。

一年过去了。

我教的学生升入初中，成了中学生，我也从小学部转到了初中部，继续负责韩国历史和世界历史的教学工作。

初中的第一次考试令我大跌眼镜，孩子们的成绩不约而同地全部跌了下来。只有五分之一的孩子平均分超过了90

分，其余孩子全部跌到了七八十分，甚至有些孩子的单科成绩只得了60多分，他们可都是我曾经认为会永远驻足在尖子生行列的孩子啊。按捺不住内心的惊讶，我询问了学校的前辈。

"小学生的成绩当然都很好啦，升上初中以后成绩自然会下滑，到了高中情况会更糟糕，没什么可大惊小怪的。"

前辈眼里的理所当然并没有说服我，这是一群聪明到让人难以置信的孩子，如果这些孩子都没法应对初中课程，那只能说明初中教材存在巨大的问题。我忍不住从办公室的书架上把初中教材全部翻了出来，英语、数学、科学①、社会②……想仔仔细细看个究竟。

"这是怎么回事？"翻看了初中教材以后，我越来越摸不着头脑了。

这些只是普普通通的初中教材，只要认真阅读很容易就能够理解。那么这些聪明的孩子为什么会觉得这些内容浅显的教材很难理解呢？为了弄清楚原因，我找来一个学生，想问个明白。

"真的很难，初中教材的难度和小学教材的难度完全不在一个级别。"被问到的学生不停地抱怨。

我又问他，老师在上课时，是不是除了教材，还用了其他教学辅导资料，因为有的老师讲课时可能会使用比教材难度更高的辅导书，但学生却摇头回答道："上课和考试都只

---

①相当于我国学校的理综，大体包括物理、化学和生物。
②相当于我国学校的文综，大体包括政治、地理和历史。

用教材。”

我回到办公室，复印了两页学生们还没有学到的教材内容，让他们仔细阅读，然后对内容进行解读。

“我们还没有学过呢！怎么会知道？”一个学生疑惑不解地说道。

“虽然还没学过，但是通过阅读不是可以理解吗？看着说也行，给我解释一下。”

令我震惊的是，竟然没有一个孩子能够准确地解释那两页教材的内容，有几个孩子结结巴巴地勉强解释了一部分内容，但还是有很多地方存在理解偏差。

在带着他们一起逐字逐句地阅读，仔仔细细地讲解过每个句子的意思后，我才不得不承认这些能用英语自由对话，能够提前掌握高年级数学的聪明孩子，却无法很好地理解本年级教材的这个事实。甚至可以说，他们根本读不懂教材。

为什么会出现这种情况？为了解决心中的疑惑，我暗下决心，一定要研究阅读能力和学习成绩之间的关系，以及读书和阅读能力之间的关系。但是当我开始着手研究时，却陷入了深深的困惑。因为当时并没有一套成熟有效的工具可以用来评估中学生的阅读能力，于是我想出了改编高考语文试题的方法，毕竟高考的语文试题是以评价学生语言能力为主要目的的。在仔细分析了试卷的题型后，我把题目难度调整到初中生的水平，虽然效果不尽如人意，但是大体上可以测试出学生们的阅读能力。我绞尽脑汁，花了好几个星期，终于设计出一份适合初中生使用的、一共30道试题的语言能力测评试卷。

使用这个测评试卷测试的结果令人震惊，学生们语言能力测评成绩的排名和升入初中后成绩下滑的排名几乎是一致的，语言能力测评分数高的学生在升入初中以后学习成绩或大幅上升，或保持平稳，而语言能力测评分数低的学生成绩下滑的幅度则非常大。

当然，通过一次测试是没有办法做出准确判断的，但是我们却可以提出以下假设：

“假设一，阅读能力越好，学习成绩越好。”

我认为还有必要深入探究读书对阅读能力的影响。我任职的学校要求学生每周读一本书，然后在课堂上对书的内容进行讨论和写作练习，然而学校却没有安排任何检查学生读书情况的举措。因此，学生们是否按照要求阅读了书籍，老师往往不得而知。

于是，我又设计了一份10~15个问题的测试卷，我称之为“读书情况测试”。这些问题很简单，学生们只要按照要求读书，就能回答正确，但是测试结果却出人意料，10道题中能答对5道的学生都很少，因为大部分学生其实并没有真正阅读学校要求读的书，就来课堂进行讨论和写作了。

“以后我每周都会进行这样的读书情况测试，所以大家一定要好好读书。”

尽管我三令五申，可还是有一小部分学生不能按照要求读完整本书。6个月后，我又对他们进行了一次语言能力测试。结果显示，未完成读书任务的学生和真正认真读书的学生之间出现了明显的差距，大部分坚持不懈认真读书的学生，其成绩普遍提升了20~30分，而那些读了一点儿就不了了之的学生，却依然在原地踏步甚至退步。以此为基础，我提出了第二个假设：

“假设二，读书可以提高阅读能力。”

十几年过去了。在此期间，我遇见过很多学生，从小学生到高中生，目睹了他们的学习和成长。我们一起读书，一起通过测试来检查读书情况，每6个月进行一次语言能力测试，分析他们的成绩变化。这也给了我充裕的时间来不断检验自己提出的这两个假设。

这些稚嫩可爱的阅读者给我留下了很多深刻而珍贵的资料，这些资料记录着每一个孩子怎样读书，怎样通过读书提高阅读能力，从而实现学习成绩的提升。这些经历也让我在实践中真正了解了孩子们的阅读取向，并总结出如何阅读才能取得最大的进步。

每当回想起孩子们的成长轨迹，我总会情不自禁地发出感叹，因为这里面蕴含着无数珍贵的教育和学习秘诀。

“为什么上中学后成绩会下降？”

“怎样读书，读多少本书，成绩才能提升？”

“怎样做才能培养出主动学习的孩子？”

“要想培养有学习型头脑的孩子，该怎么办？”

“对于高考成绩低于平时校内考试成绩的孩子而言，哪种办法最有效?”

“如何在现行的高考制度下取得成功?”

“怎样才能培养出喜欢读书的孩子?”

其实这些问题的答案都藏在这些小小阅读家的阅读轨迹中。为了把孩子们给我的答案让更多人知晓，我开始在全国各地的学校、图书馆以及教育机构给学生和家长们巡回演讲阅读方法和学习方法。

每次演讲，我都因时间太短而苦恼不堪，因为在两个多小时内能够讲的内容实在太少，而且由于时间限制，演讲后的问答环节也不得不匆匆结束，听众的问题更是没办法一一回答，这些总让我觉得十分遗憾，因此我写了这本书。

本书先通过基础篇“初级阅读者的学习型头脑读书法”帮读者打好基础，然后通过进阶篇“娴熟阅读者的学习型头脑读书法”帮读者进一步提高阅读能力。很多孩子即使养成了阅读习惯，仍然属于阅读新手，因此大家在阅读本书时要循序渐进，在学习完基础篇并打好基础以后，再进入进阶篇。

基础篇“初级阅读者的学习型头脑读书法”共分八章：

第一章《为什么90%的优等生最终会成绩平平?》主要讲解从小学到高中整个过程中孩子学习成绩的变化趋势，并分析变化原因。

第二章《语言能力决定成绩》通过孩子升学后成绩突然提升的实例来解读语言能力对学习的重要性。

第三章《如何用故事书来提高成绩？》主要强调图书的趣味性对阅读教育和提升孩子语言能力的重要性，并让读者了解阅读故事书为什么能够提升全部科目的成绩。

第四章《连故事书也不想看的孩子该怎么办？》主要针对无法理解自己年龄段故事书的小学低年级学生，分析其出现阅读障碍的原因，并介绍相关的预防措施和解决方法。

第五章《拆掉孩子和阅读之间的高墙》主要分析小学高年级学生及中学生阅读能力差与小学低年级学生阅读能力差的区别，并提出解决措施。

第六章《成为阅读型人才的第一步》主要介绍早期阅读教育和知识教育对大脑产生的不同影响，从而揭示出真正适合学龄前儿童的教育方法。

第七章《是什么在阻碍孩子进行独立阅读？》主要介绍小学低年级学生的阅读教育失败的原因以及实现独立阅读的指导方法。

第八章《如何从容面对不断改革的高考制度？》主要介绍高中成绩下滑者的类型及现行高考制度与阅读的关系，由此总结出短期内提高高考及校内考试成绩的方法。

进阶篇“娴熟阅读者的学习型头脑读书法”共分三章：

第一章《知识不要死记硬背，而要融会贯通》主要讲述知识类图书的本质及阅读知识类图书的惊人效果。

第二章《攻克知识类图书的方法近在咫尺》主要介绍把孩子培养成知识类图书阅读高手的方法以及阅读知识类图书

的有效方法。

第三章《有效提高语言能力的特殊阅读法》介绍了4种可以把孩子培养成阅读精英的特殊方法及注意事项。

全书共介绍了14种学习型头脑读书法，分别适合不同年龄和水平的孩子。这些读书方法并不是我独辟蹊径，而是古今中外许许多多读书人实践和总结出来的。

它们不是一纸空谈，而是孩子可以立即运用的方法，也是我多年来在教学现场亲身体验的切实可行之法。作为一名阅读教育工作者，我比任何人都了解，只有可以实操的阅读法才是真正优秀的阅读教育方法。

本书将童话、小说等虚构文学类书籍归为“故事书”，将以传授知识为目的的书籍归为“知识类图书”，其中也包括以故事形式来讲授知识的书籍。本书就属于知识类图书。

我一直对我的学生说，知识类图书是需要手中握笔来读的书。在阅读的过程中，请用笔将书中的重点标记出来。准备好了吗？现在就拿起笔开始阅读吧！

目 录

基础篇 初级阅读者的学习型头脑读书法

基础篇

初级阅读者的
学习型头脑读书法

阅读教育初级阶段的任务是
让孩子阅读与自己年龄段相符的故事书，
这种初级阅读每周只需进行两三个小时，
就足以快速提升语言能力。
如果阅读质量高，
则可以实现语言能力的飞跃；
如果只保证基本的阅读质量，
孩子也可以轻而易举地达到其年龄段相应的语言水平。
但是问题在于很多孩子连最基本的阅读质量都达不到，
最后只是竹篮打水，劳而无功。

第一章

为什么 90% 的优等生最终会成绩平平？

* 为山九仞，功亏一篑
* 为什么升入初中后，学习成绩会下降？
* 教材太难了
* 问题在于学习方式

诊断孩子的阅读能力

学习型头脑读书法 1：一周精读一本书的基础阅读法

❖ 为山九仞，功亏一篑

炳皓是个各方面都很优秀的孩子，每次考试的平均成绩都在 95 分以上。他喜欢运动，每年都担任学习委员，六年级的时候还当上了学校的学生会主席。由于一直参加课外辅导班，他的英语和数学基础十分扎实，学习、运动、领导力样样优秀，是那种典型的“别人家的孩子”。当然，父母对他也寄予了很高的期望。

“我们希望他能考上重点高中，而想要考上重点高中，不但要学习成绩优异，学校的获奖情况也很重要啊。”

他的父母找我的原因就是希望我能帮孩子拿到进入重点高中所需的作文比赛奖。随后，我和炳皓进行了简短的面谈。我通过面谈得知，炳皓虽然不是很喜欢读书，但是语文成绩一直在 90 分以上，最低的成绩是五年级下学期期末考试取得的 88 分，六年级的时候又重新回到了 96 分。除了周末，他每天都会去上课外辅导班。

面谈过后，我又对炳皓进行了语言能力测试。语言能力测试是以高考语文试卷的题目为基础，难度降低到小学五年级到初中三年级的水平之间，用以测试学生阅读理解能力的一套试题。炳皓的测试结果是 58 分，相当于小学五年级的水平。

“小学五年级水平？炳皓？”

炳皓的妈妈掩饰不住内心的惊讶，她可能认为自己的儿子各方面都很出色，语言能力自然也会高于同龄孩子。其实炳皓并不是个例，很多集父母所有期待于一身的优等生的语言能力都低于同龄人的平均水平。

我告诉炳皓的妈妈，他升入初中以后成绩下滑的可能性很大，原因就是孩子的语言能力低于平均水平，而且对课外辅导班的依赖性过高。

3 个月后炳皓参加了初一期中考试，平均分为 72 分，只有英语和数学勉强超过了 80 分，其余科目全部低于 70 分。他直到初中毕业也没能突破这个水平，小学时各方面都很出色的炳皓最终沦落为一名成绩平平的中学生。

事实上，小学时候的优等生到了初中，十之七八都会像炳皓一样成绩下滑，就像到了特定时期就会洄游的鲑鱼群，或者每年都会到来的梅雨季节一样，这也是我每年都会看到的集体现象。小学成绩好的孩子到初中还能维持好成绩的不过十之二三而已。

大部分家长都觉得自己家孩子的情况会有所不同，虽然邻居家和朋友家的孩子升入初中以后成绩下滑，但是他们相信自己的孩子不会出现这种问题。他们认为自己的孩子小学六年一直都保持着优异的成绩，现在也尽着自己最大的努力，不仅学校的课程总是赶在进度之前提前学习，而且只要听说有好的课外辅导班，马上就去报名参加，可谓万无一失。如果连这样的孩子成绩都会下滑，那么还有谁能维持好成绩呢？

然而，现实情况却让家长们大失所望，即使他们对孩子抱有坚定的信心，依然有 70%~80% 的孩子成绩会出现下滑。炳皓的妈妈从未设想她的孩子成绩会下降，可事实却是，即使孩子尽了最大的努力，依然无法挽回一落千丈的成绩。

❖ 为什么升入初中后，学习成绩会下降?

我们经常会认为学习成绩优秀的孩子会一直将好成绩保持下去。朋友家的孩子小学四年级是优等生，现在六年级依然是优等生；邻居家的孩子初一是优等生，初三也依然保持着好成绩。实际上，确实有很多孩子从小学到高中都是优等生，所以不少家长认为孩子的成绩会始终保持原来的水平，尽管可能会有一两次考试成绩不理想，但是下滑幅度不大，而且很快就会恢复如初。

可是如果从教育的整个过程来看，情况却并非如此。孩子成绩的变化一般会出现在升学的时候，而且发生变化后就很难再回到以前的水平了。

小学成绩一直很好的孩子升入初中后成绩突然下滑的例子不计其数，初中升入高中时也会出现类似的情况。同样，成绩突然提升的情况也集中出现在这两个时期。这种现象非常普遍，因此才有了这样的说法:“小学成绩是妈妈的成绩，初中成绩是课外辅导班的成绩，高中成绩才是学生自己的成绩。”

当然，有些孩子从小学到高中一直成绩优秀，但这种情况为数不多，大部分孩子都会在上述两个时期经历成绩的剧烈变化，变化的幅度之大经常超乎想象。虽然我每年都会目睹这种情况，但还是感到不可思议。

那么上述两个时期到底会发生什么事情呢？为了说明起来方便，我们把发生成绩变化的初中一年级称为第一巨变期，高中一年级称为第二巨变期。

虽然第一巨变期和第二巨变期具有成绩发生巨大变化的共同点，但是性质却有差异。最先到来的第一巨变期的特点是“小学优等生的大规模脱群现象”，70%~80% 的小学优等生都会加入成绩平平者的行列，有些孩子的成绩会下滑到 80 分左右，幅度不算大，但是像炳皓这样大幅下滑 20~30 分的孩子非常多，甚至有些孩子的成绩会跌到 60 多分。

在大部分学生成绩下滑的大趋势下，也有一些学生的成绩不降反升。他们在小学时成绩平平，升入初中以后突然平均成绩达到 90 分以上，一跃跻身于优等生的行列。这种优等生成绩下滑，差等生成绩提升的奇异现象层出不穷。

第一巨变期结束后，学生们的成绩会趋于稳定，例如小学平均成绩 95 分以上的学生升入初一后，平均成绩下滑到 70 分，这个成绩水平可能会保持到初中毕业。同样，成绩提升的学生也可能会一直保持提升后的成绩水平。

如果说第一巨变期成绩下滑是大趋势的话，那么高一开始的第二巨变期的特征则是大混乱。稍微夸张点儿讲，这就好像是把学生们的成绩放在一个桶里使劲儿摇晃，同一个教室里的几十个学生会出现各种不同的情况：有些学生从小学到初中从来没跌出过全校前二十名，这时却突然掉到百名开外；相反，有些学生成绩一直排在全校百名开外，升入高中后却突然冲到了全校前二十名；还有些初中平均成绩徘徊在70分的学生成绩提升到80分，或者初中平均成绩在80分的学生成绩忽然掉到60分左右。当然也有些学生的成绩没有变化，高中后依然维持着优等生的位置，或者一直成绩都不理想。总之，学生们的成绩会出现各种变化。

正如第一巨变期后成绩趋于稳定一样，第二巨变期过后，学生们的成绩也会保持同样的水平。成绩上升的学生一直保持着上升趋势，成绩下降的学生则一路下滑，原地踏步的学生仍然原地踏步。

小学生家长一般会把孩子现在的成绩当作日后升学考试成绩的重要参考，其实经历了第一和第二巨变期以后，在高二的教室里已经很难看出哪些孩子在小学是优等生了。小学成绩会决定高考成绩，这种观点是没有任何有力证据的，这也是我每天在教育现场的亲身感受。很多家长认为，小学的优秀成绩会为初中奠定良好的基础，而初中成绩会为高中成绩奠定基础，但是家长们的这个信念很容易被现实击得粉碎。现实的情况是，除了特殊情况，学生们的成绩会在第一和第二巨变期经历大起大落，这是不变的法则。

❖ 教材太难了

为什么会出现第一和第二巨变期呢？如果问学生们升入初

中和高中后成绩下滑的原因，基本都会得到同样的答案。

“学习内容太难了。”

“教材很难理解。”

学生们通常会抱怨教材太厚，内容太难。随着年级的升高，教材的难度自然会提升，尤其是初中一年级和高中一年级的时候，学生们会感到教材的难度陡然增大，结果就是很多学生因无法适应教材难度陡增而成绩下滑。学生们在学校的学习行为可以理解为阅读并理解教材的行为，从这个角度考虑，第一巨变期和第二巨变期可以说是十分正常的现象。

可是当我仔细阅读完教材后，不由得产生了疑问：“初中一年级和高中一年级的教材真的有那么难吗？”初中一年级的教材虽然比小学六年级的教材难，但是两者的难度差异并不比小学三年级和二年级之间的差异大。如果学生能够很好地理解小学六年级的教材，那么理解初中一年级教材的内容是没有问题的。同样，如果能够充分理解初中三年级的教材，那么高中一年级教材的难度也是可以克服的。既然如此，为什么会有很多孩子觉得初一和高一的教材特别难，从而出现第一和第二巨变期成绩波动大的现象呢？在目睹了初中生学习初中教材之后，我惊讶地发现，他们所感受到的教材难度简直到了令人吃惊的程度，可以说 70% 以上的初中生对教材的阅读理解能力都非常低下。

初中一年级第一学期期中考试后，周希和颜悦色地走进面谈室。她学习很努力，所以我猜想她的考试成绩肯定十分理想，但看到成绩单后我却大吃一惊，英语 100 分、数学 96 分、语文 82 分、科学 52 分、社会 64 分。比起周希的小学成绩，这样的成绩并不能令人满意，但是她却对此不以为然。

“考试时很紧张，但是考题没有想象中那么难。”

“英语和数学考得很好，可是其他科目是怎么回事？”

“因为大部分时间都用在英语和数学上，所以没时间复习其他科目了，下次考试时其他科目我也会多用点心。”

周希并不认为自己的成绩有所下滑，她的妈妈也抱有同样的看法。

“值得庆幸的是英语和数学成绩很好，其他科目的成绩也得提上去才行，拜托老师多费心。”

升入初中后成绩下滑的学生并不是都像炳皓一样，全部科目的成绩都下滑，也有不少学生像周希那样，英语和数学仍然保持在优异的水平。这些学生会受到准优等生的待遇，他们自己也对成绩持有乐观的态度，因为大家一贯强调英语和数学的重要性，并不觉得其他科目的成绩差是很严峻的问题。家长们也认为只要英语和数学基础扎实，其他科目很容易赶上。

期末考试前几周，周希拿着社会教材来找我。她正在复习教材，为考试做准备，结果因为看不懂教材，在复习第一单元第一节时就卡住了。

国家领土是指一个国家主权所管辖的地理范围，即该国家的国民可以行使主人权利的范围。

国家领土包含领陆、领水和领空，其中领陆是该国家所管辖的陆地，是国家领土中最重要的组成部分，因为如果没有领陆，领水和领空也不复存在。通过开拓行为，领陆是可以扩展的。

领水包括国家陆地疆界以内的水域和与陆地疆界邻接的、从低潮海岸线算起最大宽度不超过 12 海里的一带海域，即内水和领海两大部分。其中领海既是进出海洋的通道，也是海产资源和地下资源的宝库，其重要性举足轻重。

领空则是领陆和领水的上空，范围界定在大气层以内，其他国家的飞机未经允许是不可以进入该国领空的。

低潮海岸线：低潮时海水与陆地的接触线。

海里：航海航空中使用的距离单位，1 海里约为 1852 米。

如果阅读能力处于正常水平，上面这段内容应该只有“低潮海岸线”是生疏词语，教材下面也提供了注释。阅读理解这段文字应该最多不超过 3 分钟，在重要的内容下面画线，然后继续读下一页，考试之前再重新阅读和记忆画线的内容，这样考试准备就完成了，但是阅读能力差的孩子连如此简短的文章都无法理解。

周希问的第一个问题是“什么是主权”，尽管文章后面很清楚地写着“可以行使主人权利”，她还是没有理解，于是我进一步解释说：“就好像没有你的许可别人不能进入你家一样，没有我们国家的允许，其他国家的人也是不能进入我国的。”听完我的解释，周希才点头表示明白了。同样，“领土”“领空”“海里”这些词语周希都无法通过阅读独自理解。接下来，我在解释说明“低潮海岸线”和“领海既是进出海洋的通道，也是海产资源和地下资源的宝库”时也花了很多时间，为了说明低潮海岸线，我首先需要说明涨落潮的差异以及什么是海水水位最低的落潮。我们花了至少30分钟来解释和理解如此简单的问题。考试范围有100多页，理解一页就花了30分钟，这样算来，只复习社会这门学科就需要花掉3000分钟，50个小时。即使每天花5个小时来学习，也要用掉10天，这还是在旁边有老师辅导的前提下。总之，这样的复习方式是不可能继续下去的。

这并不是周希一个人的问题，英语和数学成绩好的准优等生虽然有个体的差异，但是大体上都有着类似的问题，甚至很多优等生也面临着同样的问题。由于学生们的科学和社会等成绩太差，老师甚至给他们划定考试范围，他们只要把划定的内容全部背下来，考试就可以拿到90分以上。因此有些学生的阅读能力虽然差，但是通过死记硬背，成绩也能维持在优等生行列。可是这也只能在初中阶段勉强应付，等到了高中，面对比初中难度更大的教材时，他们的成绩就会原形毕露。

事实上，孩子升入初中以后成绩下滑并不令人惊讶，令人惊讶的反而是阅读理解教材的能力如此差的学生，是如何能在小学阶段成为优等生，又如何能在英语和数学等科目的考试中保持好成绩的。也就是说，因为阅读能力差，本来学习成绩也应该差的学生之所以取得好成绩是有其他原因的。只不过是这些原因在经历第一和第二巨变期后已经不复存在，此时成绩的骤然升降其实是其真正实力展示出来的结果。总而言之，孩子们的成绩会根据其阅读能力的高低回归到自己真实的水平上。

❖ 问题在于学习方式

“爷爷的财力、爸爸的漠不关心和妈妈的消息收集能力。”

这是坊间广泛流传的培养优等生的三大条件，虽然带有调侃的意味，但其中表达出一个核心观点，那就是优等生是由价格不菲的私立教育培养出来的。证明私立教育威力的证据不胜枚举，比如韩国江南三区超高的名校入学率，家庭背景和学历之间关系的调查等。鸡窝里飞出金凤凰的时代已经一去不返，孩子本身就是私立教育效果的最好证据：数学成绩在五六十分的孩子参加了数学补习班，成绩很快提升到八九十分；勉强认识字母的孩子进入英语补习班后不久就掌握了拼读；邻居家的孩子去了某个补习班成绩全面提升；获得全校第一的孩子的秘诀是高额的家教费。私立教育的惊人效果可以直接或间接地听到看到，因此父母们无不倾尽全力将孩子送到私立教育机构，在他们眼里，私立教育就等于好成绩。

父母们第一次感受到私立教育的“魔力”是在孩子学习语言的学龄前时期，以访谈式教学的形式进行的语言教育有着魔法般的效果，对文字没有概念的孩子很快就能够磕磕巴巴地念文字，出门念各种牌匾，在书上找自己认识的单词读。看到这些，父母们对私立教育的敬畏感油然而生，自然也会产生让孩子学习更多的欲望。

家境宽裕的父母送孩子去国际双语幼儿园，家境一般的父母就送孩子去幼儿英语辅导班，效果也同样明显，从没听过英语的孩子开始学会读英语句子了。学习就像安装电脑程序一样，只要不断给孩子添加英语、母语等功能就可以了。父母们从此深陷在私立教育的旋涡里不能自拔，因为他们已经完全接受了私立教育的理念："只要教，孩子就可以学会。"等孩子上了小学，父母又开始送孩子去各种辅导班和训练班，比如作文辅导班、英语辅导班、跆拳道训练班、口才训练班等，投资越多，效果就越明显。孩子在作文大赛上获奖，拥有高于普通孩子的英语水平，学习进度也比普通学生超前很多，完美地印证着"只要教就能学会"的私立教育理念。不过，这种模式在孩子进入初中以后就会被击得粉碎。

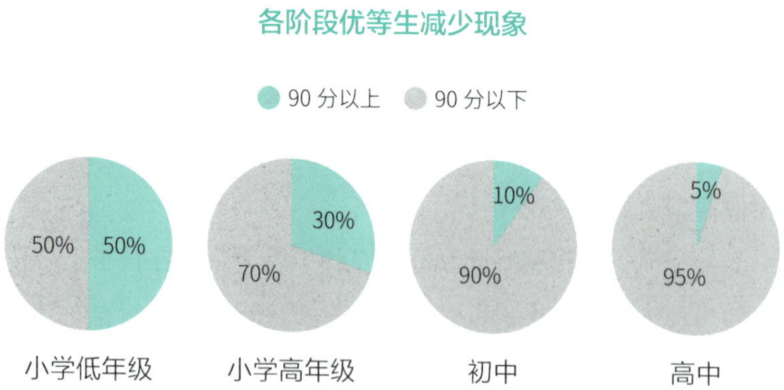

平均分在 90 分以上的优等生比例

升入初中以后，父母们并没有减少在私立教育方面的投入，反而是掷入更多的金钱送孩子去更多的课外辅导班，可很多孩子的成绩却一落千丈。小学时期发挥出色的私立教育突然失去了它的“魔力”。

韩国开发研究院研究员金希三的研究报告《为什么主动学习比私立教育更重要?》也为这种现象提供了有力的证据。这个研究报告揭示了现实中私立教育和学习成绩之间的关系，私立教育的效果在小学低年级时期最大，然后随着年级的升高，其效果逐渐减弱，到初中三年级以后其效果基本为零。

私立教育的效果为什么会集中体现在小学时期呢?弄清了私立教育的本质，这个问题就很容易理解了。私立教育的本质就是一项给学生逐一讲解课本内容的服务，因此一旦接受了私立教育，学生自己进行阅读理解的必要性就会大大减少。学生先听老师的讲解，然后解答问题，回答错了，老师会针对错误的内容再次进行讲解，直到学生掌握为止。但是这种听课理解的方式有两个最根本的缺点。第一个根本缺点是所需时间很长。文章蕴含着严密的逻辑体系，掌握了阅读理解的方法，就如同直接朝着知识奔跑，只要跑过去学就可以了，而解释说明却不同，内容庞杂繁复，如果掌握一个知识点通过自行阅读理解教材只需10分钟的话，那么听老师的讲解大概需要一小时。虽然吸收起来相对容易，但是所需时间却更长。

小学低年级要学习的内容和知识很少，所以这种低效率的学习方式没有显露出太大的问题。教材的内容越简单直白，讲解起来越容易，再加上学习量少，因此把所学知识从头到尾讲解一遍也用不了多少时间。但是随着年级的升高，这种方法实施起来就会越发困难。教材的内容增多，难度增大，以至于把小学高年级教材的全部内容完整仔细地讲解一遍就已经很困难了，这就是很多优等生进入小学高年级后成绩突然下滑的原因，不过这只是一个前兆而已，真正的下滑还在后面。

第二个根本缺点是这种学习方式极大地削减了学生的阅读经验。依赖私立教育的小学高年级学生通常都忙于听课，因此独自阅读的时间非常少。一周七天都要去补习班，剩下的时间还要玩耍，玩耍的时候自然不会看书。让孩子接受私立教育的父母当然也知道阅读的好处，但是阅读并不在他们的优先考虑之列。补习班要上，作业要做，游戏要玩，读书被各种活动排挤出局。阅读时间本来就不多，现在连学习都是采用听课理解的方式，训练阅读能力的机会更加少得可怜，这样导致的结果就是把孩子培养成了连教材都读不懂的初中生，孩子从此陷入了听课时好像都能明白，但打开教材阅读就一头雾水的怪圈。这也正是升入初中后70%~80%的优等生学习成绩下滑的根本原因。

诊断孩子的阅读能力

诊断孩子阅读能力最准确可靠的方法是利用语言能力评测工具进行评测，此外，通过观察孩子的状态也能大致了解孩子的阅读水平。下面列举了孩子的 9 种状态，如果你家孩子符合其中 4 种以上，那么你就需要重点关注一下他的阅读能力了。

□ **讨厌学习语文**

语文是一门能够侧面反映阅读能力的科目，很多讨厌学习语文的孩子都存在阅读能力低下的问题。

□ **语文成绩比其他科目成绩低**

相对分数很重要。如果孩子的其他科目成绩在 90~100 分，只有语文成绩是 80~90 分，那么其阅读能力低下的可能性很大。因为这时孩子的语文成绩很可能不是全凭自己的阅读能力获得的，而是在辅导班老师讲解的加持下才获得的。相反，如果其他科目的分数在 60~70 分，而语文成绩为 80~90 分，那么孩子的阅读能力很可能会不错，因为这是在学习量不足的状态下全凭阅读能力得到的分数，这样的孩子稍加努力就可以取得更好的成绩。

□ **一个月平均读书量不超过两本**

虽然存在极个别的特例，但从总体上来说，阅读量和阅读水平有着密不可分的关系。阅读量小则阅读能力低，阅读量大则阅读能力强。

□ **读书速度快或者主要看漫画**

阅读能力只有通过认真阅读和思考才能获得。用眼睛一扫而过，不管读多少书都没有办法提高阅读能力，看以图画为主的漫画书同样也不能提高阅读能力。

□ **高度依赖私立教育**

私立教育的最大特点是辅导老师逐字逐句地讲解知识点，因此无论孩子的成绩如何，都与其自身的阅读能力无关。相反，私立教育会最大限度地缩减孩子的阅读时间，从而阻碍其阅读能力的提高。

□ **说话或提出的问题经常不合常理**

如果孩子和其他同龄孩子相比，总是说些前后不合逻辑的话，那么其阅读能力低下的可能性很大，因为逻辑思维能力和阅读能力密切相关。

□ **升入小学高年级后，学习成绩突然下滑**

如果平均成绩保持在 95 分的孩子突然在小学五六年级时成绩下滑到 80 分，然后又恢复了正常，则需要引起注意，因为这是孩子感觉小学高年级教材难以理解的征兆。

□ **沉溺于电脑或手机游戏**

过度地玩电脑和手机游戏本身就是对大脑的致命伤害。

□ **写读书笔记或读后感的时候经常抱怨无话可写**

阅读理解能力差的孩子，其写作能力也不会强。如果孩子经常写三四句话就说没有什么内容可写，那么其阅读能力低下的可能性很大。

学习型头脑读书法 1：一周精读一本书的基础阅读法

（适用对象：小学高年级学生）

最适合阅读习惯还没有形成的小学高年级学生的方法是每周阅读一本长篇童话书，一年认真阅读 52 本。认真阅读是指能够充分理解全书的故事脉络，看着目录就可以流畅地讲出故事梗概。需要注意的是，阅读的速度不能超过出声朗读的速度。读漫画等以图画为主的书是没有效果的，虽然也可以阅读知识类图书，但是这个阶段的孩子阅读量不大，阅读能力也不强，很难充分理解这类图书。如果孩子不是特别偏爱知识类图书，那么阅读长篇童话是最有效的选择。

每周阅读计划表

1天	选定图书	每周和孩子一起去图书馆或者书店选择一本书。
5天	规定阅读时间并按照计划阅读	规定好 3~5 次阅读时间，每次至少阅读 40 分钟。
	针对书的内容进行讨论	让孩子概述书的内容，对孩子的表述有疑问时，可以对其提问或进行简单的讨论。
1天	奖励	小小的奖励可以增加孩子阅读的动力。如果孩子做得好，可以给他一些零花钱，或者买一些他喜欢的食物。

标准阅读量

•

一周一本长篇童话书，
每年 52 本

–

（150 页左右的长篇童话书）

↓

每周可以阅读一本以上，但是如果一味强调阅读数量，阅读质量很可能会下降。阅读能力并不取决于读了多少书，而是取决于认真阅读了多少书。如果每周都能兴致勃勃地读一本书并记住主要内容，一年下来，就可以达到初中生应有的阅读水平。

标准阅读速度

•

与出声朗读同速
或者更慢

–

（每本 2 小时以上）

↓

一般来说，阅读的质量和速度成反比。读书速度越快，质量就越低，语言能力的提升效果也会随之降低。因此阅读时，不要读得比出声朗读的速度快。父母需要有意识地引导孩子用适当的速度阅读。

第二章

语言能力决定成绩

* 成绩突然提升了
* 基础薄弱真的就会落后吗？
* 优等生的共同点
* 培养学习头脑的最简单办法

什么是语言能力？

学习型头脑读书法 2： 培养合格语言能力的基础阅读法

❖ 成绩突然提升了

准友来找我是在他上小学四年级的时候，当时他的平均成绩在 50~60 分。每个学期他的妈妈都会因他调皮捣乱而被老师请到学校几次。他的妈妈送他来我这里的原因也是“觉得他多看看书，性格应该会变得稳重些”。准友来的第一天就没有完成规定的阅读作业，虽然我碰到过很多孩子想尽各种方法不读书，但从第一天开始就不完成作业的孩子还是第一次碰到。

“准友啊，上这门课是需要提前阅读规定内容的，今天是第一次，我可以网开一面，下次一定要读了再来啊。”

“好的，下次一定读。”

虽然回答得很好，但是他第二次上课时还是和上次一样，仍旧没有完成阅读任务，于是我把他赶出教室，让他坐在办公室里其他老师的旁边读书。怎么都不肯读书的准友和想方设法让他读书的我之间的战争就这样开始了。我用尽了所有方法，劝导、批评、惩罚、单独指导、选有趣的漫画书、修改阅读书籍详单……可是不管我如何费尽心思，他始终无法完成每个月阅读四本书的任务，甚至能读一本就不错了。而且他非常调皮，在教室外面就能听见他嬉笑玩闹的声音，当然他在课堂上不可能老老实实地坐着，作文也是草草地敷衍了事。当时我的教学经验不足，对于这样的孩子十分头疼。

就这样过去了一年，我开始思考继续让他留在班级里进行指导是不是正确的选择。学校每 6 个月都会给家长们提交一份课程进度报告，准友的报告上除了“没有按时完成阅读作业”以外，没有别的内容，而且他的语言能力测评结果也总是最差的。一般在这种情况下，父母会做出“没有效果”“教了也没用”的判断，就不再继续报班了，但是准友的妈妈反而安慰我说：“我们一定会更用心的，老师不要太有压力。”这种态度令我左右为难，因为我并不觉得准友的情况会有所改善，这样继续下去，三四年后，我一定会背上骗子的骂名。

然而情况却在准友即将升入初中的时候发生了转变。那天教室里异常安静，我本以为他还没来，可打开门一看，准友正坐在教室里看书。谁能想到，他上周还在桌子上活蹦乱跳呢！因此，对于特别淘气的男孩子，家长大可不必过度担心。大部分调皮捣蛋的孩子到了一定的年龄就会自动安静下来，这种转变一般发生在小学二三年级，而准友的变化则发生在小学六年级。此后，准友的情况发生了翻天覆地的变化。他开始一周不落地完成阅读作业，从《旁观者》到《黄瓜大王》，从《少年菀得》到《没有猪会死的一天》，一本都没有落下，阅读书目全部完成了。我都有些怀疑他是不是我所认识的那个准友了。按捺不住内心的惊讶和喜悦，我忍不住问他到底发生了什么。

“最近老师安排的阅读书目都很有趣，之前的书没意思。”

其实之前的书目里面也都是一些有趣的书。我一直主张，书要有趣，孩子才会坚持阅读，因此我总会把无聊的书排除在外。后来我才知道准友对青少年小说特别感兴趣另有原因，那就是他的阅读能力提高了。

准友刚来的时候是小学四年级学生，但是他的阅读能力很差，根本达不到四年级的应有水平，因此在阅读超出自己阅读水平的书时自然无法理解，也感受不到乐趣。尤其是阅读故事书的时候，孩子是否觉得有趣很多时候并不取决于故事本身，而是取决于其阅读能力。无论故事多么有趣，如果不能理解，就无法继续阅读下去；相反，尽管有些故事并不是很吸引人，但如果能够毫无障碍地理解，就会十分顺畅地读到最后。这正是准友从第一节课开始就拒绝阅读，且总是完不成阅读作业的原因，其实他并不是因为淘气懒惰而拒绝读书，而是因为缺乏足够的理解能力读下去。

在这种状态下，准友迫于我的压力不得不开始读书。一个月读完一本书，三年就这样过去了。在这三年里，准友慢慢地成长，阅读能力一点点提高，坐不住的习惯也逐渐得到改善。漫长的成长带来的量变终于在小学六年级的时候转化为质变，准友突然变成了一个安静沉稳、喜欢读书的孩子。

初中一年级第二学期结束的时候，通过面谈，我预测准友的成绩可能会大幅提升。第一个理由是他的语言能力已经超越同龄人。在初中一年级这一年里，准友的语言能力从曾经远远落后于同龄学生的水平一跃提升到了初中三年级学生的水平，虽然还不能说语言能力非常高，但阅读初二的教材已经完全没有问题了。

第二个理由是他具有目标意识，面谈的时候我问他想考哪所大学，他说想考高丽大学的体育系，眼神里充满了自信。人们普遍认为，小学时候成绩不好的孩子自信心很难恢复。其实不然，小学时，准友从来没有花精力在学习上，反而令如今的他更加自信。他认为自己小学时候成绩不好是因为没有学习，现在开始学，成绩肯定会提升。当然，自信的同时还带有一丝紧迫感。

“上课听讲根本听不懂，这样下去上不了文科高中怎么办，从现在开始我得努力学习了。”这是他亲口跟我说的话。

第三个理由是准友的学习态度发生了转变。要想学习好，就要稳稳当当地坐在书桌前。准友在六年级毕业来补习的时候，连课间休息时间都能一直坐在椅子上看书。他唯一的不利因素就是没有充足的学习经验，没有掌握学习方法和要领，即使这样我还是默默期待他的平均成绩能达到 80 分左右。

到了初中二年级第一学期的期中考试，准友的平均成绩高达 93 分，其中大部分科目都是 100 分，只有科学考了 65 分。他的语文、数学、英语三门课全部拿到了满分。

在小学优等生如秋天的树叶一样纷纷下落的第一巨变期，有些孩子的成绩反而会明显提升，准友就是其中的一个。

❖ 基础薄弱真的就会落后吗？

小学生就像是站在起跑线上的一群选手，枪声一响，开始往前奔跑。跑道上画着分界线，一年级、二年级、三年级……刚过四年级的分界线，一名男孩摔倒了，这时候其他孩子跑到了前面，男孩绝望地看着跑到前面的孩子们，接下来画面上出现了一句广告语：“小学四年级是打好基础最关键的时期。”

这是很多年前韩国某课外补习机构制作的一个电视广告。广告的主旨是如果小学不打好坚实的基础，以后就很难赶上学习进度。基础不夯实，学习就会落后，这是我们社会对学习的普遍认知，这种观点学界称之为学习基础理论。

学习基础理论是说如果孩子在低年级的时候不打好坚实的基础，升入高年级以后就会一直落后。加减法都算不好的孩子是无法学好乘除法的，乘除法学不好的孩子是无法掌握因数分解的，这在逻辑上没有任何问题。倘若地基不坚固，怎么能盖好房子呢？

这样看似正确的道理严重影响了当下社会的教育风气，小学低年级学生的父母执着于让孩子全部科目都考满分的原因也正在于此。“如果现在考不了 100 分，升入高年级以后成绩得下降多少啊？”父母们认为，现在打好坚实的基础，就能防止升入高年级时成绩下滑。但是现实情况并非如此，本书前面也介绍过，很多孩子虽然在小学时打好了基础，但升入初中后成绩却依然下滑严重。相反，像准友这种基础打得不好，升入高年级以后成绩却上升的孩子也相当多，为什么会出现这样的情况呢？这是因为克服基础薄弱并没有想象中那么难，如果语言能力强且富有决心的话，基础知识是可以在短时间内掌握的。

以数学为例，小学一年级用整整一年时间学习加减法，这是小孩子理解加减法运算所需的时间，它取决于一年级学生的平均理解能力和语言能力。但假设某个高中一年级的学生由于某种原因忘记了所有数学基础知识，需要从加减法开始重新学习，那他完全掌握加减法所需的时间也就 10 分钟左右，因为他具备了高中一年级的语言能力和理解能力，加减法便成了再简单不过的知识。小学一年级需要一年时间来学习的“复杂”知识，到了高一却成了只需要 10 分钟便可以理解的简单知识。

其次，并不是所有科目都需要基础知识，没有掌握小学六年级的科学知识，并不代表就没办法学习初一的科学。除了数学以外，其他所有科目即使基础薄弱，只要充分地理解教材，是完全可以拿到满分的，准友的例子就是最好的证明。只要具备了理解初中教材的阅读能力，欠缺的基础是可以补回来的。因为最重要的基础并不是孩子头脑里储存的知识量，而是获取知识的能力，即阅读理解的语言能力。

虽然他是一位非常出色的阅读者，但是他在阅读上浪费了太多时间，对学校的学习不感兴趣，树立的目标也存在问题，有时候还会违反学校纪律。

这是史蒂夫·乔布斯小学成绩单上的教师评语。乔布斯一直到小学三年级都经常逃学，成绩自然也不好。从传统的教育观点来看，乔布斯并不是一个好学生。

但是乔布斯在小学四年级时发生了变化。班主任的关心和照顾让乔布斯的内心受到了触动，他想通过做令老师开心的事情来表达自己的感激之情，不知不觉间就变成了优等生。老师对乔布斯的学习能力感到十分吃惊，于是让他参加了学习能力测试，结果乔布斯的学习能力是高中二年级的水平。小学四年级的乔布斯已经具备了可以阅读和理解高中二年级课本的语言能力，这就相当于高中二年级的学生坐在小学四年级的教室里学习，可想而知在其他孩子眼里，乔布斯有多么强大。乔布斯之所以有如此强的学习能力，毋庸置疑是受惠于“在阅读上浪费了太多时间”，因为阅读是提高语言能力的最好方法。

这里自然会有人产生疑问，那些连一本书都没有好好读过却考上了名牌大学的孩子是怎么回事。如果这些孩子参加语言能力测试，无一例外都会取得不错的成绩。曾经有个孩子从来没有完整读过一本书，却在初二的语言能力测试中考了 80 多分。这些孩子的阅读量不多，语言能力却很强的原因不是智商高，而更多是性格因素。他们凡事都要问个究竟，不肯草率了事，正是这种凡事都要问“为什么”的思考方式使他们的语言能力在日常生活和学校生活中自然而然地得到了提升。简单来说，就是这些孩子平时善于思考，懂得理解社会。这样的孩子即使阅读量不大依然考入名牌大学，这并非值得骄傲，而是让人惋惜。因为如果他们能够认真读书，效果会非常明显，他们本可以成长为非常杰出的人才，却因不爱阅读而将良好的潜力浪费掉了。

小学的成绩并没有太大的意义，比成绩更重要的是跟同龄人相比，孩子的语言能力如何。虽然语言能力强的孩子未必都能取得好成绩，但却没有一个语言能力很差的孩子能够一直维持好成绩的。我做了 12 年讲师，从来没有遇到过一个这样的例子。在我看来，语言能力就是学习能力。

❖ 优等生的共同点

有些孩子学习并不怎么努力，成绩却很好，我们常夸这样的孩子有“学习头脑”。我见过的所有有学习头脑的孩子当中，最优秀的要数贤珠了。贤珠是非常虔诚的基督教徒，高三的时候依然花很多时间参加教会活动。她周末一般都会待在教会，平时大部分时间也都用在阅读《圣经》或与基督教相关的书籍上，真不知道她哪里还有时间学习。令人意外的是，她的成绩一直名列前茅。最让我吃惊的是高三时她竟然还去参加了短期传教活动，别的孩子都在全力以赴准备高考的时候，她却去传教，回来后反而易如反掌地考入了名校。虽然这种情况并不常见，却并非个例。播音员出身的旅行作家孙美那也曾经聊过高三时和爸爸去欧洲旅行的事情。她坦言，正是因为那次旅行，让她在最后几个月可以全力以赴地备考。

大部分学生拼尽了全力备考，而有些学生却好像来自另一个星球，轻轻松松地通关，为什么会有如此大的差距呢？

我们通常认为高中生学习最刻苦，从时间投入的角度来看这是事实。高中生一天的大部分时间都花在学习上，学校放学后还要去上补习班，最早也要晚上 9 点才回家。一些意志坚定的学生甚至会学习到凌晨一点，虽然有的学生会花点时间玩玩手机游戏或者看一集电视剧，但是也情有可原，因为整整一天都在学习，期间还要利用课余时间做作业、听网课、做模拟试题。考试期间，大部分孩子都会学习到深夜。

问题在于，不少学生即使把全部时间都花在了学习上，成绩却仍然原地踏步。学习这么用功成绩都不见起色，那只能花更多的时间在学习上了。有的学生调侃说，自己简直比诺贝尔获奖者还要用功。

可实际上，虽然他们每天大部分时间都在学习，但是真正有效的学习时间却很少。究其原因，就在于他们的学习方式效率不高。学生们大部分时间都是在学校、补习班或网上课堂听课，韩国教育和创新研究所所长李慧静所著的《首尔大学谁拿A+》一书中就详细地介绍了这种以听为主的学习方式有多么低效。书中引述了哈佛大学埃里克·马祖尔教授的授课内容，并详述了麻省理工传媒实验室所做的一项有趣的实验。该实验是给一名大学生安装上能够测试其交感神经活性的仪器，以测定该学生交感神经活跃和不活跃的时间。结果显示，其交感神经最不活跃的时间是看电视和在课堂听课的时候。也就是说，在进行以上两种行为时，受试者交感神经的不活跃程度甚至超过了睡眠状态。如果这项研究结果正确，那就表明该学生在课堂上的大部分时间都处于混沌状态。

另外，我们通常会认为，成绩好的学生也得益于课外辅导，然而事实却并非如此。韩国EBS电视台的教育纪录片《学校究竟是什么》中对此进行了大量问卷调查，结果显示，成绩位于上游0.1%的学生中有60.8%接受过课外辅导，而一般学生中接受过课外辅导的却有71.2%，两者相差10.4%。实际上，两者的差异远高于这个数字，因为上游0.1%的学生一般都不会长期接受课外辅导，最多只是偶尔为之。优等生之所以不会长期接受课外辅导，正是因为课外辅导的效率太低。课外辅导班有规定的进度，不管会与不会，学生都要从头到尾听，再加上只听老师讲解并不能转变为自己的知识，还要另行复习，这样反而浪费了大量时间。

自己独立学习才能真正掌握知识。通过接受课外辅导的不同模式就可以看出，成绩好的学生主要靠自主学习，不足的部分通过课外辅导补充，而成绩不好的学生则主要通过课外辅导学习，自己独立学习的部分只是完成作业而已，而且基本没有复习的时间，因此有效学习的时间少之又少。这些醉心于课外辅导的学生虽然投入了大量时间和金钱，自己也疲倦不堪，结果成绩却并没有什么起色。

那么立刻停止所有课外辅导，开始让孩子自己学习，成绩就会提升吗？这种可能性并不大，长期接受课外辅导的孩子独立学习的能力很差，如果观察这些孩子在休息日独自学习的状态，就会发现他们非常散漫，老老实实地坐一个小时都很困难，一会儿去卫生间，一会儿喝水，吃午饭花掉一两个小时更是常事。有时候非常安静，好像在用功学习，没想到却睡着了，这样即使坐 12 个小时，学习量也是微乎其微的。

对于这样的孩子，大家会说他们意志力不足，没有用心学习。其实这并不是意志力和心态的问题，他们精力不集中的根本原因是教材和参考书籍对他们来说太难了，即使看了也不理解。对孩子们来说，只有学习进度与所花的时间成正比，他们才能感受到学习的乐趣，才会更加集中精力。如果怎么看都无法理解，那么坐在书桌旁该多难受啊！因此，他们只能依赖课外辅导班，至少在辅导班听讲的时候好像能大概理解，感觉自己在努力学习，这种感觉至少可以让他们安心，虽然从真正学习的角度来看这是非常没有效率的。

贤珠的情况正好相反，因为她的语言能力好，学习的时候效率很高，学习一个单元就能将这一单元的内容完全掌握，而且学习所需的时间也不长。因此，虽然她花在学习上的时间不多，但学习量却很大，这样就容易感受到学习的乐趣，而且也能腾出时间去做自己想做的事。成绩优异，自信心自然就会增加，因为她坚信自己可以同时兼顾学习和自己喜欢做的事情。实际上，她也确实都做得非常好。

出色的语言能力背后是大量的阅读经验。贤珠从小就《圣经》不离手，《圣经》中的语言晦涩庞杂，时代和背景对我们来说也很陌生，粗读一遍是不可能理解其中含义的，因此需要不断地阅读和思考。贤珠读了几十遍，有些段落甚至能倒背如流，在与我交流时信手拈来，并能与我这个无神论者进行深入探讨，可见她对《圣经》的理解非常深刻。贤珠的读书范围从《圣经》到宗教书籍，进而扩展到文学名著。当别的孩子忙于通过听课来学习知识的时候，贤珠却已经积累了丰富的阅读经验，其结果就是她拥有了其他孩子难以企及的出色阅读能力。

对阅读过《圣经》、宗教书籍和晦涩厚重的世界名著的孩子来说，高中课本显得尤为简单，只读一遍就能轻松地理解消化。达到了这种水平，学习就不再是苦恼的事情。以全球商业界的领军人物比尔·盖茨和史蒂夫·乔布斯为例，他们在需要准备升学考试的高三都已经开始了创业。比尔·盖茨与保罗·艾伦一起创立了软件开发公司，史蒂夫·乔布斯则和邻居家的哥哥一起发明并销售“蓝盒子”——一个通过非法盗用电话线使市外通话免费的机器。

学习头脑来自孩子长期而丰富的阅读经验，贤珠比其他孩子阅读了更多的书，也思考了更多的问题。学习头脑与阅读的质和量成正比，比尔·盖茨和史蒂夫·乔布斯比贤珠读的书更多，思考也更深入，因此其学习头脑也更加出色。很多成功人士都会不厌其烦地对自己的孩子强调读书的重要性，因为他们知道，读书是孩子取得好成绩最切实可靠的方法。

❖ 培养学习头脑的最简单办法

通过阅读来培养学习头脑并不是看不见摸不着的概念，就像电脑硬件可以更新升级一样，孩子的大脑也可以在生理结构上发生质的变化。

人的大脑由 1000 亿个神经细胞组成，这 1000 亿个细胞通过神经元突触互相连接在一起，突触连接的密度和顺畅程度决定了人的智力。有趣的是，随着人用脑方式的不同，突触连接的方式也会不断发生变化，这种现象在脑科学领域被称为“大脑的可塑性”。

用脑越多，突触的连接方式就越能得到改善和强化，反之则会发生退化。假如某个孩子投入很多精力学习数学，那么当他解答数学题时，大脑中神经元突触的连接则会更活跃，甚至自动化。我们最开始学习加减法的时候需要思考半天，因为相关的神经元突触还没有形成连接。等熟悉了加减法以后，即使数字发生变化也可以解答，这是因为神经元突触连接已经形成，大脑中关于加减法的“道路”已经打通。如果在此基础上继续反复练习，那么突触连接则会形成自动化，一看到加减法就会像条件反射一样，迅速给出答案。

与之相反，一个能够流畅使用英语的人，如果十几年不用英语，相关的突触连接就会逐渐断裂，从此也就不能再流畅地说英语了。突触的断开或连接并不仅限于某些特定的知识领域，思考能力和语言能力也同样会出现这样的现象。

2014 年 OECD（经济合作发展组织）对 22 个国家的 15 万名公民进行了实际文盲率调查，实际文盲指的是虽然可以阅读文字，但是却不能够理解文字含义的人。调查结果令人非常震惊，韩国中年人的实际文盲率高居 22 个国家中的第三位，相当多的中年人在看电子产品说明书或者药品服用说明书这种简单的文字时也无法理解其含义。韩国中年人的语言能力之所以如此差，与读书太少有着密不可分的关系。由于平时基本不进行阅读训练，阅读理解的神经元突触连接自然也就断掉了。

说话是一种自动储存在我们基因里的天生能力，不需要刻意训练，自然而然就能学会，因为我们的大脑中有专门的区域——韦尼克区与布洛卡区——负责说话。但是阅读就不同了，它是一种需要刻意训练才能掌握的能力。不过这也是理所当然的事情，因为人类早在几百万年前就已经出现在地球上，但是文字的发明历史才只有几千年。

人的大脑中没有专门的区域来主管阅读，因此要学会阅读，需要大脑的众多区域通力协作。后头叶把眼睛获取的视觉信息传达到侧头叶，侧头叶迅速解读视觉信息，也就是将汉字“人”解读为人，汉字“手指”解读为手指，然后侧头叶将解读的汉字信息再传递给前头叶，前头叶负责推定汉字的含义，把汉字“人”和实际的人联系起来，把汉字“手指”和实际的手指联系起来，这样才能理解“那个人的手指不知何故受了重伤”这句话，然后主管情感的大脑边缘系统才能产生“一定很痛”“好可怜”这样的情感。

如上面的例子所示，大脑需要动员几乎所有区域才能理解如此简单的一句话，况且娴熟的阅读者不会止步于此，他们接下来还会提出这样的疑问：“为什么会受伤？”“发生了什么事？”“那个人是男人还是女人？”这样的疑问才有助于更深刻地理解文章。

人在读书的时候大脑最为活跃，这已经被众多的研究所证明。日本东北大学医学部教授川岛隆太就是进行这类研究的人员之一，他利用磁共振成像来显示大脑的活动状态，结果显示人在读书的时候大脑最活跃，而且活跃程度是进行其他活动时所无法比拟的。

大脑越用越灵光，而读书可以使头脑更加活跃，可以说，读书是开发大脑潜能最简单有效的方法。

假设有两名刚升入小学六年级的学生，一名是熟练的阅读者，另一名是没有阅读经验的新手。给两个学生安装上测试大脑活动状态的装置，让他们阅读小学六年级的社会教材，那么两个孩子的大脑活动状态会有什么区别呢？

美国塔夫茨大学儿童发展心理学教授玛丽安娜·沃尔夫在其著作《普鲁斯特与乌贼：阅读如何改变我们的思维》中分析了初级阅读者和熟练阅读者的差异。根据她的研究，读书时，初级阅读者的整个大脑都很活跃，而娴熟的阅读者则是大脑的一部分区域活跃。也就是说，阅读小学六年级课本的时候，新手需要动用整个大脑，而娴熟的阅读者只需要动用一小部分就可以了。

前面讲过，反复进行某种特定的智能活动，相关的神经元突触连接会实现自动化。读书也是一样，新手读书的时候因为不熟悉阅读理解的过程，需要用尽全力去理解词语的含义，为了理解一句话左右脑都要活跃起来，玛丽安娜教授称之为使用“初级视皮层”。相反，娴熟阅读者的阅读过程大部分都已经实现了自动化，他们熟练地将字形与含义连接，将词语组合起来连成句子并充分理解，这个过程就好像车辆在高速公路上行驶那样快速而便捷。娴熟阅读者只使用左脑进行阅读，这种方式效率更高，被称为使用“脊神经前根”或“下侧头皮质”。

如果把学习比作料理，使用初级视皮层的初级阅读者就好像第一次尝试自己做饭的年轻人，做饭的时候需要先在网上搜索食谱，了解都需要什么食材，然后再去超市买回食材，最后才开始笨手笨脚地做饭，而使用脊神经前根的阅读者则好像手下有十几名助手的高级厨师长，所需的材料早已在头脑中拟好，食材准备工作和最基本的烹饪工作可以指挥助手完成，厨师长只要集中精力完成最关键的步骤就可以了，因此所需时间短，花费精力少，结果却非常好。

刚开始学习做饭的年轻人和高级厨师长参加厨艺大赛，谁会获胜？结果可想而知。

怎样度过第一和第二巨变期对孩子的成绩起着决定作用，决定孩子命运的不是基础知识，而是语言能力，而提高语言能力的最好办法就是阅读。阅读的重要性还需要赘述吗？书中自有答案。

什么是语言能力？

词典对语言能力的解释是“准确理解文字和句子，并将自己的意思或信息通过语言或文字准确表达出来的能力”。本书所说的语言能力则是专指学习层面上的语言能力，即阅读能力和思考能力。

语言能力 = 阅读能力 + 思考能力 = 学习能力

阅读能力

可以说阅读理解文字的能力是学习型头脑的核心，不同年级的教材代表着不同年龄段所要具备的语言水平。与相应的年龄水平相比，语言能力越高，则其学习头脑越好；相反，语言能力越低，则其学习头脑越差。

思考能力

人类通过语言来进行思考，所使用的语言越复杂，则思考力越强；使用的语言越简单，则思考力越弱。语言能力强的人可以准确而富有逻辑地进行思考，也可以轻易辨别出不合逻辑常理的内容。

学习能力

我们需要通过语言来学习和理解知识，也需要通过语言把所学的知识表达出来，因此语言是学习的最核心工具。学习能力是理解复杂文章的阅读理解能力和利用已有知识进行深入思考的思考能力的结合，本书所说的语言能力正是学习能力。

孩子的语言能力 > 所处年龄段教材的语言水平 > 孩子的语言能力

（正如电脑硬件配置高于系统要求，信息处理速度快速而且精准）

（就像电脑硬件配置低于系统要求，信息处理速度缓慢且有偏差）

学习型头脑读书法 2：培养合格语言能力的基础阅读法

（适用对象：中学生）

对于还没有养成阅读习惯的初中生来说，每两周读一本青少年小说，一年读 26 本，阅读后能够记住故事的大体情节即可。经过两三年的锻炼，语言能力就可以提升到高考语文成绩 70 分的水平（即高中二年级水平）。达到这种水平的学生，不仅语文成绩优秀，而且可以独自理解社会、科学等教材。

两周读书计划表

<table>
<tr><td rowspan="3">第一周</td><td>选定书籍</td><td>每两周带孩子去图书馆或书店选择一本书。</td></tr>
<tr><td>阅读
前半部分</td><td>和孩子一起制订读书时间计划表。如果孩子想要自由阅读，也可以不规定读书时间。</td></tr>
<tr><td>讨论</td><td>针对书的主题进行讨论，并向孩子提出问题。</td></tr>
<tr><td rowspan="2">第二周</td><td>阅读
后半部分</td><td rowspan="2">书全部读完后，再次进行讨论。</td></tr>
<tr><td>讨论</td></tr>
</table>

标准阅读量

•

两周一本书
每年 26 本

–

（250 页左右的青少年小说）

↓

对于刚接触阅读的初中生来说，书籍的趣味性最重要。青少年小说趣味性强，而且比童话故事的语言水平高，很适合这个年龄段的阅读者。另外，读书的数量要适宜，不要给孩子造成心理负担。

标准阅读速度

•

与出声朗读同速
或者更慢

–

（每本 4 小时以上）

↓

很多人认为阅读青少年小说无法提高语言能力，事实却并非如此。我遇到过一个初中三年整天看小说的学生，但他却在高考中取得了优异的语文成绩。重要的是阅读的质量，如果能够认真地阅读和思考，语言能力肯定会大幅提升。

第三章

如何用故事书来提高成绩？

* 阅读教育的核心不是“知识”，而是“趣味”
* 两周阅读一本书足矣
* 故事书和高考成绩的关系
* 阅读故事书能提高数学成绩？
* 语文成绩不好的小书虫

如何挑选合适的图书？

学习型头脑读书法 3： 快速提升语言能力的抄写阅读法

❖ 阅读教育的核心不是“知识”，而是“趣味”

孩子的成绩随时都可能一落千丈，语言能力差的孩子就像坐着小船划向瀑布，不管现在的成绩如何，终究会跌落下去。能够避免这种灾难的最有效方法就是通过阅读来提高语言能力。方法虽然说起来简单，可做起来却并不像想象中那么容易。一直视图书为冤家对头的小学生很难摇身一变成为每天都读书的爱书一族，初中生和高中生更是如此。就像滑雪菜鸟只能通过不断地练习和积累才能成为滑雪高手一样，对于阅读新手来说，放下野心，拥有一点点慢慢积累的心态很重要。

想让孩子爱上阅读，首先要拆除阻隔在孩子和阅读之间的那堵高墙，破除孩子心中“读书很无聊枯燥，让人头疼”的想法。要想让孩子不反感读书，最重要的是让孩子发自内心地觉得读书很有趣。这不是可选条件而是必要条件，因为如果孩子感受不到阅读的乐趣，就不会安静地坐下来阅读，因此阅读教育的核心不是知识而是趣味，而能够最大限度地激发孩子阅读兴趣的书籍就是童话或者小说。

如果把读书比喻为服药，那么故事书就是包裹在药品外面的糖衣。没有形成阅读习惯的孩子读书时很容易感到头疼，因为阅读需要动用整个大脑，所以一读书就头疼，而有趣的故事书能够用妙趣横生的故事把头疼问题神奇地化解。不要给孩子看“用故事讲科学”“用故事讲社会”这类与教材相关的故事书，而要让孩子阅读纯粹的故事书，这样才能让他最大限度地感受到阅读的乐趣。

“老师，读故事书对学习能有什么帮助？”家长们经常问我这样的问题，每次我都想反过来问他们：“那读知识类图书对学习有什么帮助呢？”

并不是说知识类图书不好，读知识类图书的效果也非常好，可问题是刚开始培养阅读习惯的孩子还不具备阅读知识类图书的能力，就算读了也无法理解。大部分孩子打开书本看不到 20 分钟就会放弃，即使有些耐力好的孩子能够从头读到尾，结果也没什么差别，因为大部分内容都理解不了。

大家通常认为故事书和学习没有直接关系，也许它对为人处世和情感教育有所帮助，可是与学习毫不相关，甚至有的家长认为读故事书或小说是在浪费时间，因此禁止孩子读这些书。当然故事书本身并不讲知识，但是我在多年的实践中发现，故事书是最能提升孩子语言能力的书，只要坚持阅读，一定会对提升成绩有所助益。

❖ 两周阅读一本书足矣

第一次见秀敏是初三开学的时候，她的英语和数学都在 90 分左右，科学为 60~70 分，平均成绩属于中上游水平。跟大部分孩子一样，秀敏也没有养成阅读的习惯。在进行了简短的面谈后，我发给她一份语言能力测试题，同时告诉她测试的规则。

“没有时间限制，尽你最大的努力做完。事先打个预防针，做几道题后你肯定会觉得头疼，因为这不是简单的测试，不过别放弃，最重要的是做完。”

我给她的测试题是2014年的韩国高考语文原题，删除了涉及高中知识的古典诗词、古典小说等15个问题，还剩下45道题。这是我对新入学的学生进行语言测试时经常使用的试卷。让初中生做高考语文试卷有以下几个理由：

首先，高考语文试卷是非常优秀的语言测评工具，题型丰富多样，涵盖记叙文、演讲稿、小说、诗歌、说明文、议论文等几乎所有类型的问题。虽然是语文试卷，但内容也涉及科技、历史、政治、哲学等众多领域。如此形式多元、内容多样，由一批优秀的出题专家编写的考试题是非常值得信任的。另外，这些考题并不是选自高中教材，而是根据高中三年级学生所应具备的阅读水平而随机摘选的，无论是高中生还是初中生都是第一次见到，因此能够比较客观地判断出考生自身的真实水平。而我根据多年的测评经验，也可以通过测试成绩判断出某个学生与同龄人相比，语言水平到底如何。

其次，通过高考语文测试可以预测学生的平时考试成绩和高考成绩。事实上，平时考试成绩和高考成绩并不一致，有些学生的平时考试成绩很好，可高考成绩却很低，而有些学生平时考试成绩不好，但是高考却考出了好成绩。平时考试成绩和高考成绩差出两三个等级的实例比比皆是。比如平时考试成绩属于第一等级，高考成绩却考出第三等级，或者平时考试成绩属于第三等级，而高考成绩却在第一等级。如果某个学生的语言水平高于同龄人，那么其高考分数高于平时考试分数的可能性就大；相反，如果语言水平低于同龄人，高考分数低于平时考试分数的可能性就大。如果一个初中生具备了高中三年级的语言能力，那他在第二巨变期极有可能会保持不错的成绩，甚至会出现成绩飙升的情况。

初三学生平均能达到 40~45 分，而秀敏用了一个半小时，考了 42 分。虽然她的水平谈不上优秀，但是阅读理解青少年小说是没有问题的。于是我们开始了阅读教育。

我给她制订的读书计划很简单，两周读完一本书。我选择这种方式的原因是根据这个年龄段学生的平均阅读水平，精读一本书大概需要 3~5 个小时，时间虽不算长，可很多孩子在一周内读完却觉得吃力。因为没有接受过阅读训练，加之各种课外辅导班日程紧张，大部分孩子都很难一周读完一本书。书没有读完，讨论的效果自然不好，因此只能选择两周读一本书，每周投入两三个小时就可以完成。

很多人质疑一周读书两三个小时能有什么效果，但事实上，即使只投入两三个小时，也可以取得令人震惊的效果。让我们来看一下 10 个月后秀敏的语言能力测试分数吧。

秀敏在 10 个月里一共读了 20 多本书，读书 3 个月后进行的测试分数是 60 分（提高了 18 分），10 个月后测试分数是 82 分（提高了 22 分），跟 10 个月前相比一共提高了 40 分。这也让我着实吃了一惊。阅读能够逐步提升孩子的语言能力，一般经过 6 个月的阅读训练，测试成绩可以提高 5~10 分，但是秀

敏的成绩提高了平均水平的两倍之多，属于读书效果异常好的孩子。

只要孩子们认真阅读，半年后再做高考语文试题一般都可以提高 5~10 分，而秀敏提高了 22 分。她读的并不是什么了不起的名著或知识类图书，而是像《魔法面包店》《少年菀得》《没完没了的故事》《我是一只狗》《旁观者》《洞》等每个孩子都可以津津有味地阅读的小说。

读书时不要快速阅读，而要认真精读，准确把握故事脉络，这样坚持一年，语言能力就会得到惊人的提升。很多长期坚持阅读的初三学生做没有删减的高考语文试卷都能得到 80~85 分，如果考虑没有学过高中教材的因素，这些分数基本和满分没什么区别。也就是说，这些坚持阅读的初中生已经完全具备了高三学生的语言能力。

随着语言能力的提升，平时的考试成绩也会有很大的提高。比如初三第二学期时，秀敏的语文、社会、科学等科目全部考到了 90 分以上。成绩提高，孩子们自然很开心。可他们并不知道成绩提升的原因是什么，觉得自己也没有比以前更努力，成绩却上升了。他们不相信是自己读的那些小说对成绩产生了影响，只是觉得读起来很有趣，结果却如此轻松地提高了成绩，他们觉得很神奇。

这样的结果说明了一个很重要的事实，那就是只要坚持认真阅读，就能提高语言能力。从初中三年级的语言水平提升到高三水平也就需要 10 个月的时间，简直简单得超乎想象。只要每周花费两三个小时，两周读一本书，就可以避免在第二巨变期出现成绩下滑的现象，这样的投入是不是很值得呢?

❖ 故事书和高考成绩的关系

我们经常说，英语和数学的成绩决定考试的整体成绩。如果把全部孩子放在一起看，这种观点或许正确，但是如果只看中上游的孩子，这种观点就值得商榷了。大部分中上游的孩子英语和数学分数很高，基本都会达到 90 分，而其他科目则有些偏低。所以，区分中游和上游的科目不是英语和数学，而是语文。

语文是个很奇妙的科目，努力学习，分数也不会提升太多;不努力学习，成绩也不会一下子掉下去。有的孩子因为语文吃尽苦头，而有的孩子每次考试语文都接近满分。

与其他学科不同，语文并不是一门教授基础知识的学科，因此并不是掌握了教材的内容就万事大吉了。语文考试考查的是学生们阅读理解的能力，而其他科目考查的是学科知识。教材中的学科知识是有限的，因此能考的问题也很有限，只要努力学习就可以得满分。而语文教材中一个知识点却可以引出无数道题，因为语文考题考的不是知识而是理解能力。所以，无论多么刻苦地学习语文，如果语言水平不高，是不可能取得高分的。

语文考题的最大特点就是经常出现副词“最”，例如“相差最远的是？”“最符合的是？”，数学、英语、社会和科学等科目的考题是有标准答案的，因此不会问“最接近的答案是什么？”或者“下面的描述中哪个最正确？”这样的问题，而语文考题有准确答案的题目非常少，大部分都可以有两三个答案，例如对于“主人公 A 接下来最可能会做什么？”这个问题，答案的五个选项中至少有两三个选项都是主人公接下来可能会做的事情，关键是在其中选择最有可能的选项。想答对这样的问题，需要高度的共情能力和推理能力，而阅读故事书正是能够提高这两项能力的最好办法。下面我们通过青少年小说《旁观者》的第一章简单地说明一下这个道理。

> 埃里克·海斯第一次见到大卫·海伦伯克的时候，大卫·海伦伯克正在奔跑，但与其说是跑，不如说是两条短腿一歪一扭地跳更合适。他就这样笨拙地跑过来，可能是因为担心，他转头的时候差点儿摔倒。他停下来喘了口气，又继续跑。海伦伯克不是在跑向某个目标，而是在逃离某个地方，准确地说是在逃跑。
>
> ——詹姆斯·普雷勒《旁观者》

上面一段文字是《旁观者》第一章的一个段落，大卫·海伦伯克在逃跑，而埃里克·海斯则在观察这一切。读这个段落的时候，孩子的头脑中可能会瞬间闪现很多想法和情感，比如读到第一个词“埃里克·海斯”时便自然而然地开始以海斯的视角来观察整个情景。如果作品在形式上不出现大的变化，可能一直到书的结尾孩子都会通过海斯的视角来观察故事，因为出现在文章最前面的埃里克·海斯很可能是主人公，或者至少也是事件的主要观察者。

孩子通过埃里克·海斯的视角最先看到的是大卫·海伦伯克在奔跑，孩子可以感受到海伦伯克“感到恐惧”“正在慌忙逃跑”并会对海伦伯克的慌张和恐惧产生共鸣，这种共鸣越强烈，孩子在读书时越会感到紧张。这里值得注意的是，文章中提到关于情感的语言仅有“可能是因为担心”这一句话，因此孩子并不是通过直接的语言表达，而是通过情景来体会书中人物的情感的，也就是进行了“情绪推理”。以情景来传达情感是故事写作的最基本方法之一。

接下来的情节会触发孩子更多的联想，孩子会产生各种猜想和疑问：“一定是有人在追赶海伦伯克，究竟是谁呢？”“这么慌慌张张地跑，是谁在追很快就能揭晓了。”“如果是危险的人物，埃里克·海斯会不会也将处于危险的境地？”当然，作为阅读新手的孩子不能把这些想法用具体的语言表达出来，继续读下去，孩子会感觉到头脑中有多种情感和想法交织在一起，这时候需要有人问他问题，他才能够把自己错综复杂的想法和情感用语言具体地表达出来。

下面的场景中，接下来最可能发生的是哪一个？

① 埃里克·海斯继续玩篮球。

② 埃里克·海斯回家了。

③ 大卫·海伦伯克请求埃里克·海斯给自己一点儿水。

④ 大卫·海伦伯克跑后，一群孩子出现了，问埃里克·海斯有没有看到大卫·海伦伯克。

②③④都是可能会发生的场景。埃里克看到海伦伯克后可能会感到不安，跑回家里，海伦伯克也可能会跑过来跟埃里克要水喝，但是最可能发生的是④。因为此时海伦伯克内心充满恐惧，正在慌不择路地逃跑，逃跑的过程中很难有时间来要水喝。慌慌张张地跑暗示了后面有人在追，海伦伯克跑过去以后，追赶者应该很快就会现身，埃里克很难有充足的时间回家，而且也没有线索证明埃里克是个胆小鬼，会因为这样的小事而吓得跑回家。

孩子读故事书时，头脑中会产生各种想法和情感，这有助于提高他的共情能力和推理能力，而这些能力不只能够帮助他提升语文成绩，还能在他学习其他科目的过程中发挥巨大的作用。其效果前面已经讲过，只要孩子能在 10 个月内精读 20 本书，语言能力测试就能提高 10~20 分。高考语文试卷中孩子们答错最多的题不是与现代科技相关的说明文或与哲学相关的议论文，而是题目虽然简单但难度却很大的小说或散文。

每个孩子在阅读的时候产生的情感和想法都不同，有的孩子思想深刻，有的孩子则想法简单。看完《旁观者》的第一章，有的孩子感到紧张不安，充满好奇，有的孩子则感到枯燥无味，觉得“就是在逃跑而已”。与阅读新手相比，娴熟的阅读者产生的想法和情感更深刻厚重，而想法和情感的深度则决定了读书的效果。前文提到的秀敏的语言能力测试分数大幅提高的原因正是她比其他初级阅读者的阅读能力更强，即使阅读同样的文字，她却能够感受到更多，思考得更多。

举例来说，秀敏这样的孩子能够预想到接下来的内容应该是围绕着埃里克、海伦伯克以及追逐海伦伯克的人之间的关系展开的，通过“埃里克·海斯第一次见到大卫·海伦伯克的时候”这句话可以知道后面他们还会见面。娴熟的阅读者可能还会推测，当埃里克再次见到海伦伯克的时候，海伦伯克的日子很可能过得不好。另外，这本书的书名是《旁观者》，而埃里克看着慌慌张张逃跑的海伦伯克，就像旁观者一样。通过这样的线索，书名所说的旁观者很有可能就是埃里克。

我们还可以更深一步思考故事背后暗藏的作者意图：“作者为什么要把主人公埃里克设定为旁观者？”读者只能通过埃里克的视角来观察整个事件，作家想表达的是不是读者本身也可以成为旁观者的意思呢？这种一步步深入思考的能力是初级阅读者所不具备的。

当然，我们也不能要求初级阅读者一开始就具备这样的水平，最开始只要能够饶有兴趣地读下去就可以了。对内容感兴趣，能够坚持阅读下去，并进行最基本的情感、情节和逻辑推理，这样持续地积累经验，孩子的阅读能力自然会提高，共情能力和推理能力也会随之提升。很多喜欢看故事书，觉得故事书有趣的孩子的语文成绩之所以好，原因就在于此。

❖ 阅读故事书能提高数学成绩？

阅读故事书能提高语文成绩其实是再自然不过的事情，语文课本中的童话和小说就可以说明故事书和语文教学之间有着直接关系，但是读故事书可以提高其他科目，如科学、社会、数学的成绩就很让人费解，不少人都会对此产生怀疑。

科学、社会等科目的备考过程如下：阅读课本→整理笔记→背诵和理解内容，即将课本中的知识用自己的方式归纳整理，然后完全牢记在自己的头脑里。如果有人能够完美地实践这一过程，那么无论考题有多么难，他都可以取得不错的成绩。

孩子阅读课本的时候，要用铅笔在重要概念或词语下面画线做标记，并将不能准确理解的词语记录下来。阅读一遍以后，孩子要能够在头脑中将知识体系化，例如韩国初中社会教材里《能源的种类和问题》这个单元一共 4 页，孩子读完以后需要在头脑中形成这样一个知识链条：能源是指可以获取能量的资源→可以分为石油、煤炭、天然气、新能源和再生能源，各种能源具有不同的特点→其中石油、煤炭、天然气属于不可再生能源，而且会破坏环境→为了解决这个问题，一方面需要开发节约能源的技术，一方面需要开发新能源和再生能源。喜欢阅读故事书的孩子可以自然而然地做到这一点，他们在阅读课本的同时大脑会自动将知识进行分类整理。为什么呢？因为这个过程和阅读故事书的过程是一样的。

孩子读故事书的时候会把精力集中在正在读的部分，很少会重新回去翻阅已经读过的部分，或在头脑中另行整理，但是读完一本书后，故事的主要场景、情节和人物之间的关系等信息会在头脑中搭建起来，这跟看完电视剧或电影等影视作品后记住故事情节和人物关系有着本质的区别。故事书之类的文字作品与影视作品在大脑中的记录途径不同，阅读新手记不住故事情节和人物关系的情况经常发生。如果孩子在阅读符合自己年龄段的故事书后，不能在头脑中搭建出故事结构，那么他在读完课本后也不可能搭建出知识结构。

阅读故事书其实就是帮助孩子训练在头脑中搭建知识结构的能力，因此喜欢阅读故事书的孩子，其科学、社会等科目的成绩自然也都不错。

区分	高考语文标准分数		高考数理标准分数		高考外语标准分数	
	学生数	平均成绩	学生数	平均成绩	学生数	平均成绩
0 本	240 名	83.08 分	214 名	90.21 分	242 名	86.10 分
1~5 本	998 名	90.25 分	893 名	92.88 分	1000 名	90.11 分
6~10 本	381 名	95.43 分	338 名	92.95 分	381 名	93.09 分
10 本以上	566 名	102.53 分	508 名	98.84 分	568 名	98.83 分
合计	2185 名	93.55 分	1953 名	94.15 分	2191 名	92.45 分

文学书籍的阅读量和高考分数之间的关系

2015 年 11 月 26 日韩国职业能力开发院以 4000 名高三学生为对象进行的抽样调查

20世纪80年代，日本的一所小学发起了一场“10分钟晨读运动”，这一运动在韩国也家喻户晓，方法其实很简单，就是每天早晨让孩子阅读10分钟。其主要目的并不是为了提高孩子们的学习成绩，而是改善他们的生活态度。当时日本公立教育存在着校园暴力、学生抗议、纪律涣散、风气不良等众多问题，为了改善这些问题，一所小学的老师们发起了晨读运动，希望通过每天读书10分钟，让孩子亲近书籍，陶冶性情，养成沉稳的处事态度，最终达到全面改善孩子生活态度的目标。实际上这项运动取得了非常好的效果，显著改善了公立学校存在的众多问题，学校的纪律也得以优化，孩子们的生活态度也发生了翻天覆地的变化。令人惊喜的是，得到改善的并不只是学生们的生活态度，还有他们的学习成绩。学生们各门学科的平均成绩都得到了提升，最显著的是语文和数学，而且数学成绩提升的幅度竟然高于社会和历史。随后，这项读书运动被推广普及到了日本全境，在其他学校同样也取得了不错的效果。

故事书看起来和数学没有丝毫关系，为什么也能提升数学成绩呢？前面讲过，阅读故事书其实就是训练孩子在头脑中搭建知识结构的能力，也就是将内容概念化的能力，而学习数学最重要的就是掌握概念化的能力。

数学中有许多严谨抽象的概念，为了理解数学概念，概念化的能力是不可缺少的。娴熟的阅读者具有很强的概念化能力，因此理解数学概念的速度快而准确，数学自然可以学得很好。例如“A×B表示B个A相加”，只要能够很好地理解这个概念，再解答几道题，就可以充分理解乘法的含义，但如果概念化能力弱，则需要练习很多乘法题才能理解乘法的概念。数学是一门熟能生巧的学问，概念化能力强的孩子也需要通过大量练习才能学好数学，但是在准确理解概念的基础上进行大量练习和通过大量练习来理解概念是完全不同的。概念化能力差的学生只能依靠大量练习来掌握知识，一旦遇到没见过的题目，就会变得不知所措。因为做这样的题时首先需要理解问题，而概念化能力差的学生却很难做到彻底地理解题目。下面通过一个很简单的数学题目来说明一下这个问题。

问题：一支蜡烛一小时会燃烧 1/5。点燃蜡烛一段时间后，蜡烛剩下了 1/10，请问蜡烛燃烧了多长时间？

这个问题是在问蜡烛燃烧的时间，为了解决这个问题首先需要提取出下面两个已知条件：

条件一：每小时燃烧 1/5

条件二：还剩下 1/10

注意，条件二告诉我们的是蜡烛还剩下多少，而不是燃烧了多少，因此需要把条件二按照条件一的概念进行转换，剩下 1/10 也就是燃烧了 9/10。

条件一：每小时燃烧 1/5

条件二：燃烧了 9/10

条件一和条件二中分数的分母不同，需要把两个分数进行通分。

条件一：每小时燃烧 2/10
条件二：燃烧了 9/10

燃烧 4 个小时会烧掉 8/10，然后又燃烧了 1/10，那么蜡烛一共燃烧了 4 小时 30 分。为了解决这个问题，首先需要理解题意，然后推导出解决问题所需的条件，并统一条件里的概念。理解能力差的孩子一般都会在这个过程中遇到困难，他们可能会无法理解题意，而且这个题目跟自己平时做过的题不太一样，因此会变得手足无措。相反，读过很多书的孩子则可以很轻松地理解问题，即使没有做过很多练习题，仅根据题目内容也可以解答出来。

娴熟的阅读者能够很好地理解和把握概念，包括数学公式的概念和问题的概念。随着年级的升高，数学逐渐变难，也就意味着要学的公式和概念越来越复杂。阅读能力越强，越能轻松地理解概念，这也正是"晨读运动"能够提高数学成绩的原因和原理。

阅读故事书还会对学习态度产生很大的影响，阅读大量故事书的孩子对学习的排斥和恐惧会少很多，因为无论故事书还是教材都是图书。能够津津有味阅读长篇小说《梦实姐姐》的孩子，在面对小学六年级社会课本时就不会感到有压力，因为《梦实姐姐》比小学六年级的社会课本厚得多，内容也多得多。虽然孩子可能不喜欢学社会这门学科，觉得内容枯燥，但是对阅读理解课本内容本身不会感到有负担。

相反，所读书籍寥寥无几的孩子会觉得小学六年级的社会课本很难，甚至产生心理压力，因为自己从来没读过这么厚的书。年级越高，感到的压力就会越大。

娴熟的阅读者读完一本书能够记住很多内容，比如梦实为什么突然住进了金先生的家，为什么腿会瘸，为什么又重新回到了以前生活的村庄，这些内容都会记下来。《梦实姐姐》那么厚的书读完都可以记住，社会教材自然也不在话下。

阅读经验丰富的孩子与经验匮乏的孩子之间的差距之大，就像每天在附近公园里跑 10 公里的孩子和从来没跑过步的孩子一起参加长跑比赛那样。对于每天跑步的孩子来说，几公里并不成什么问题，因为每天都跑这个距离，唯一的差别可能就是场地是在附近公园（故事书）还是在赛场（教材），像平时一样跑就可以了；但是对从来没有跑过步的孩子来说，几公里是足以令其望而却步的距离，真正跑起来也会非常吃力。所以，喜欢读故事书和不喜欢读书的孩子在学习态度和能力上可以说存在天壤之别。

因为“每两周读一本书”或者“10 分钟晨读运动”有益于学习的各个方面，所以才会出现语言能力测试成绩和校内考试成绩同步提升的现象。再补充一点，读过很多故事书的孩子往往能够更好地理解他人，英国专栏作家伊恩·莱斯利在《好奇心：保持对未知世界永不停息的热情》一书中对此进行了详细的说明。书中说，2011 年加拿大约克大学的心理学教授雷蒙德·马尔研究发现，阅读小说时使用的大脑部位与处理人际关系时所用的部位具有很高的重合度，其他研究结果也证明阅读小说可以提高社交智慧。即使抛开研究结果不谈，仅从常识角度分析，我们也能够得出这个结论。

读故事书就好像经历别人的生活一样，需要让自己设身处地地感受处在不同时间、空间和境况下的另一个人的情感，经历另一个人所经历的事件，这本身就是理解他人的行为。理解他人的能力有多么重要毋庸多言，众所周知，它是我们在学校生活、家庭生活和社会生活中取得成功的必备能力。

❖ 语文成绩不好的小书虫

“老师，喜欢看书语文成绩应该好才对啊，可是我们家孩子的语文成绩一直下降，数学题也不能很好地理解，真是让我头疼，到底问题出在了哪里？”

小学五年级的真英是个名副其实的“读书大王”，一天基本能看三四本书，但奇怪的是，她的学习头脑并不怎么样，看完了书也不能很好地理解，应用题也做不出来。在学校，我们也经常能看到这种学习成绩不好的“读书大王”。

我跟真英妈妈面谈的时候，真英仍在读书，她选的书是青少年小说《我怎么会是中学生》。

“真英啊，你读一下这本书。”

我给她挑了一本小学三年级水平的书《你不喜欢达克斯老师吗?》。她摇着头说这本书看起来很无聊，我告诉她因为老师有问题要问她，只读前面几页就可以了。真英不到20分钟就读完了，我问了她一些与内容有关的问题，她大概答对了70%，然后我跟真英进行了简短的面谈。跟大部分速读的孩子一样，她掌握了速读的技巧，能够快速了解书的大致内容，但是对于人物所处的具体环境和情感变化基本没有理解，也就是对书的内容一扫而过，浅尝辄止。

最后我对真英妈妈说：“真英读书的速度太快，这很让人担心。以这样的速度阅读，是没有任何效果的。”

很多人认为读书跟其他学习过程一样，其效果会因人而异。有的孩子读书多效果好，有的孩子则不然，真英这样的孩子就是读很多书学习成绩却不好的例子。

每天都读书，但是语言能力却很低，这就好像每天举100下哑铃却没有练出肌肉一样，是非常奇怪的事情。现实生活中出现这种现象的可能性只有一个，那就是拿着哑铃进了健身房却没有练习。同样，虽然孩子喜欢读书，却没有真正地进行阅读，当然就没有效果。

语言能力差的“读书大王”往往有下面几个共同特点：一是读书速度非常快。一本150多页的故事书一个小时就能看完，有的孩子甚至30分钟内就看完了，我把这种行为称为“浏览”。这就像一部两个小时的电影，倍速看几十分钟就看完了。这些孩子不管看多少书，不用说深入思考和产生共鸣了，就连最基本的思考都无法做到。浏览就是用眼睛扫过，了解大致内容而已，这和阅读完全是两个概念。

第二个共同特点是喜欢读高于自己年龄段的书。就像小学五年级的真英会挑青少年小说《我怎么会是中学生》一样，这些孩子虽然口口声声说自己喜欢看书，但是却体会不到阅读的乐趣，实际上他们也没有真正地阅读书籍，而只是在毫无意义地反复浏览书籍。他们追求的其实是一种收集的乐趣，收集自己读过的书，目的是增加已阅书籍的数量，所以他们才会用最快的速度读完这些书。

喜欢看超出自己年龄段的图书也是基于同样的理由，这些看起来“高大上”的图书属于“稀缺品种”，能让自己的已阅书目看起来更加耀眼。通过收集已阅书目，孩子能获得周围人的称赞：“你真是喜欢看书啊！”“这么快就全看完了？”“真了不起！”“这是高年级学生看的书，你都能理解啊！”仿佛只要读了很多书，自己就能变成了不起的人。这种想得到周围人称赞的“虚荣心”最终造就了这些假冒伪劣的“读书大王”，真是让人心痛。

只要认真推举哑铃，就能练出健硕的肌肉。同样，只要坚持认真阅读，就能提高自己的语言能力。

正如锻炼身体需要正确的姿势和方法，读书也需要正确的原则和方法，其中最根本的原则就是“思考越多，读书效果就会越好”。之所以说速读不是好的读书方法，正是因为这种方法使得孩子没有充分思考的时间。实际上，有速读习惯的孩子不管读多少书，语言能力都难以得到显著提升。

读书的第一个方法是保持合适的阅读速度。这里所说的合适的阅读速度是指用出声朗读的速度读书，保持这样的速度阅读，就可以自然而然地达到基本的思考水平，从而能够充分理解登场人物的关系、人物所处的环境、主要事件和线索等。以中学生为例，两周读一本书，坚持 6 个月，语文成绩就可以提高 5~10 分。

读书的第二个方法是读有趣的书。读书的时候，思想和情感积累得越深厚，读书的效果就会越好，为此我们需要主动阅读。遇到无聊的书时，很少有人能够做到主动阅读，勉勉强强读到最后就已经很不容易了。只有阅读有趣的书，才能培养主动阅读的习惯。

“老师，这本书太棒了，我阅读的时候激动得差点儿昏过去。”

安静稳重的秀敏有时会一反常态，兴奋激动地竖起大拇指，这说明她正在充满兴致地读书，这也正是她 10 个月内语言能力突飞猛进的根本原因。

总之，想要有效阅读，就要坚持两条：一是要保持合适的阅读速度，二是要选择有趣的图书。做到这两点，其他目标自然而然就能实现。只要能做到这些，父母不用整天强迫孩子读书，他们也会主动阅读。读书多了，学习成绩自然也就好了。

如何挑选合适的图书？

最基本的选书原则是让孩子自己选书来读。孩子在选书的过程中能够发现自己的兴趣，并培养选书的眼光，这两项都是成为小阅读家的必要能力。对于喜欢读书的孩子，我们不需要多想，让孩子自己选择就好。难点在于如何帮助那些不喜欢读书的小学高年级学生和初中生选书，他们本来就对读书很反感，如果读的第一本书就很无趣的话，那么之后肯定会更讨厌读书。下面给大家介绍一下让不喜欢读书的孩子爱上阅读的选书方法。

选择自己喜欢的作家

如果孩子有喜欢的书，可以尝试去寻找此作家的其他著作。孩子喜欢某一本书，可能是因为故事本身有趣，也可能是因为孩子对作家展开故事的方式和语言风格感兴趣，因此喜欢这位作家其他作品的可能性很高。

选择国外儿童和青少年文学奖获奖作品

国外著名的儿童和青少年文学奖的获奖作品都很不错，比如纽伯瑞大奖、国际图书大奖，德国青少年文学奖这种高水平的获奖作品可以放心选择，只是需要考虑孩子的阅读水平，先让孩子尝试阅读几页，然后根据自身水平选择难度合适的书为佳。

需要注意这样的书

虽说我们鼓励孩子博览群书，但是对于知识类漫画和故事形式的知识类图书需要特别注意，这些书很可能对孩子培养阅读能力产生不良影响。

知识类漫画

如果刚开始阅读的孩子养成读知识类漫画的习惯，那么等到他日后阅读以文字为主的普通书籍时就会感到吃力，而且漫画是以图画为主的书籍，无论阅读多少本，都无法有效提升自己的语言能力。

故事形式的知识类图书

因为故事形式的知识类图书需要兼具故事性和知识性，因此经常会牵强附会地把一些知识掺杂在故事线索中，例如在去寻找宝藏的途中遇到火山，借此来讲解火山知识，从而造成故事的形式和内容不一致，最终导致故事本身很无趣，知识也不能很好地传达。除了历史这种知识本身就是故事的科目以外，其他科目的这类图书我都不建议大家阅读，因为阅读这类书籍既不能有效地提升阅读能力，又无法很好地获取知识。

学习型头脑读书法 3：快速提升语言能力的抄写阅读法

（适用对象：初中生）

在坚持践行“学习型头脑读书法 2”的基础上，如果孩子每读一本书，都能把小说最开始的部分（即第一章）抄写下来，就可以在很短的时间内取得令人震惊的效果。我曾经指导过一个初中二年级学生用此方法，6 个月就将语言能力测试成绩提升了 30 分，语文、社会等学科的成绩也都得到了大幅提升。

两周读书计划表

10 天	选择图书	孩子每两周去图书馆或书店选择一本书。
	阅读	为了留出抄写时间，用 10 天读完这本书。
4 天	抄写书的第一章	最少抄写 5 个段落，抄写全部最佳。
	讨论	以第一章为主题进行讨论。

10 天阅读

•

10 天读完一本青少年小说

↓

和前面的“学习型头脑读书法 2”一样，每两周阅读一本书，唯一的不同是为了留出抄写的时间，读书需要在 10 天内完成。

4 天抄写

•

4 天抄写完第一章内容

↓

最好完整抄写故事的第一章，如果没有充足的时间，最少也要抄写 5 个段落。抄写时，不能像完成作业一样只求速度，而要像背诵句子一样一字一句地抄，抄写完后一定要把抄写的内容重新读一遍。

第四章

连故事书也不想看的孩子该怎么办?

* 真是因为词语量少才读不懂吗?
* 读不懂故事书，自然也理解不了教材
* 小学低年级学生阅读能力诊断方法
* 秘诀是只读三分之一

孩子的阅读习惯检查表

让孩子爱上阅读的七大原则

学习型头脑读书法 4： 克服阅读障碍的阅读法（一）

❖ 真是因为词语量少才读不懂吗？

阅读教育初级阶段的任务是让孩子阅读与自己年龄段相符的故事书，这种初级阅读每周只需进行两三个小时，就足以快速提升语言能力。如果阅读质量高，则可以实现语言能力的飞跃；如果只保证基本的阅读质量，孩子也可以轻而易举地达到其年龄段相应的语言水平。但是问题在于很多孩子连最基本的阅读质量都达不到，最后只是竹篮打水，劳而无功。

阅读困难症是一种因大脑功能不健全而无法阅读文字的学习障碍，有这种疾病的患者看到文字就好像看到很多毫无意义的符号。只有坚持阅读才能提高语言能力，可是如果连阅读都无法进行，那提高语言能力又从何谈起呢？

可是有些孩子虽大脑健全，但阅读能力却差到惊人，读完书后能理解的内容还不到20%。虽然没有准确的研究数据，但据有关专家估算，十之二三的学生都存在阅读能力差的问题。

对于处于这种状态的学生来说，读书跟没读没什么区别，他们很难通过读书来提高语言水平。阅读能力低下的症状根据年级的不同表现也不同，下面我们首先介绍小学低年级学生的症状表现和改善方法。

“孩子的词语量太少，很多词的意思他都不知道。”

小学三年级学生明斌的妈妈认为自己的孩子之所以读不懂

书，是因为他掌握的词语量太少。想想也是，如果不知道词语的含义，又怎么能读懂由词语组成的句子和文章呢？可事实上，小学低年级学生阅读的图书使用的基本都是日常用语，孩子们很少会因为不明白词语的意思而读不下去。也许表面上看起来好像是词语量少的原因，但其实真正原因却不在于此。

为了准确掌握明斌的情况，我让他读了小学二年级水平的故事书《我要为哥哥洗清罪名》，这本30分钟就可以读完的书，明斌却用了一个多小时才读完。读完以后，我又让他重新读了一遍开头部分。

> 赫尔米奈·奇佩七岁了，妈妈、爸爸和奶奶叫她米妮，但是哥哥莫里茨则叫她"豆秆"或"木棒"，因为米妮又高又瘦。莫里茨虽然比妹妹年长两岁，但是个子却和妹妹一样高，而且他觉得米妮既然是妹妹，就应该比自己矮。
>
> ——克里斯蒂娜·涅斯特林格《我要为哥哥洗清罪名》

即使是第二次读这段句子寥寥可数的段落，明斌还是花了很长时间。我问明斌："哥哥为什么叫她豆秆或者木棒呢？"他答不上来，我又让他读了一遍，他才勉勉强强回答道："因为她长得像豆秆。"

"长得像豆秆是什么意思？"

明斌想了半天回答道："因为像豆子一样脑袋大？"

像这样回答得让人哭笑不得的孩子不止明斌一个，小学三年级的孩子中十之二三都会给出这种不着边际的答案。尽管后面明明写着“因为米妮又高又瘦”，他们也回答不上来，因为他们不能把前后文的信息连接起来。

“哥哥喜欢赫尔米奈个子高吗？”阅读能力稍好一点儿的孩子都能够马上回答出来“不喜欢”，但阅读能力差的孩子要么找不出证据，要么给出荒唐的答案。这些答案与自己读过的内容完全无关，说的只是自己的想法，就像明斌这样。

“应该喜欢，毕竟是自己的妹妹啊，个子高多好啊！”

“莫里茨虽然比妹妹年长两岁，但是个子却和妹妹一样高，而且他觉得米妮既然是妹妹，就应该比自己矮。”这些孩子无法从这句话中理解莫里茨的想法。接下来的内容是听到有人问“你们两个谁大啊？”的问题时，哥哥莫里茨很生气的场景，他们对此也无法理解，因为他们不能将故事里的信息转换为情感，无法将故事情节联系起来，故事中蕴含的情感也体会不到，也就是说，他们缺乏基本的阅读能力。有趣的是，同样的内容如果讲给他们听，他们就能理解。听的时候头脑转得飞快，读的时候却完全卡壳了。

我问明斌豆秆和木棒之间的共同点，他摇头表示不知道。

“木棒是什么？”

“你觉得是什么呢？”

“我不知道。”

“你知道木棍是什么吗？”

“嗯，知道。”

明斌真的是因为不知道什么是木棒而看不懂书吗？当然不

是，阅读能力强的孩子也有很多词语不认识，高考语文得高分的孩子们也一样，试卷中有很多不同领域的专业术语，他们怎么可能都知道呢？但是他们却能够准确地回答问题，因为文章中的词语不是独立存在的，词语位于句子中，句子又和前后句子有着密切的关系，而通过句子之间的关系就可以猜出词语的大概含义。我们在阅读上面的文章时，即使不认识“木棒”这个词，通过前后文也可以猜出它是和豆秆相似的又细又长的东西，自然会联想到类似的词“木棍”，进而猜出两个词的含义应该很相近。明斌缺乏这种最基本的推测能力，所以才会说不知道那个词的含义，从而使他的妈妈误以为他掌握的词语量太少。因为这样的孩子很多，所以小学生的词语书才会大卖，然而这些词语书却没有起到什么效果，因为他们的问题不是词语量少，而是缺乏根据文意推测词语含义的能力。

像明斌这样的孩子并不是智力低下或有着严重的注意力缺陷障碍，他们和其他同龄孩子没什么区别，看完动画片就能把内容流畅地讲出来，学习弹琴也不落下风，制作手工玩具更是得心应手，因此家长们才会认为“我家孩子其他方面都很棒，就是不会读书”。这些孩子的问题十分明显，就是因为极度缺乏阅读训练，从而导致阅读过程中思考停滞。

❖ 读不懂故事书，自然也理解不了教材

孩子陷入阅读障碍的根本原因就是极度缺乏阅读训练。一

般来说，阅读可以分为四个阶段，即把文字转换为声音，把声音转化为词义，连接词义理解句子含义以及联系上下文把握文章主旨。

孩子刚开始学习识字的时候，左右脑全力开动，全部脑力都集中在字词的发音上，例如看到“书包”这个词只想着读出来，而没有余力去想象书包的含义，也没办法联想到书包的实物。经过反复训练，孩子读到“书包”这个词马上就可以联想到实物，这时第一和第二阶段就融合在一起了。在此基础上继续训练，则可以把词和词的含义连接起来理解句子。读句子的同时自动理解含义，这样理解句子的过程就变得顺畅多了。

理解句子之后，就可以将句子和句子连接起来了。例如，阅读理解能力强的孩子通过“民喜拿着书包愣愣地站在那里，因为他没有做语文作业”这句话可以得出很多信息。首先可以了解到“民喜在去学校的路上，因为没有完成作业，所以有点儿犹豫”，还可以进一步进行逻辑和情感上的推理，比如“为什么他没有做作业呢？是有什么急事吗？”“结果还是不得不去学校，他得多痛苦啊”。

缺乏阅读训练的孩子无法将四个阶段整合为一，也就是说，他无法将“民喜”“书包”“愣愣地”这些词互相联系起来。虽然随着年级的升高，孩子的阅读能力可以自然而然地得到改善，但如果不进行刻意训练，就会一直低于同龄人应该达到的水平。

孩子在成长过程中会经历多次阅读危机，如果不能很好地克服，则会导致阅读能力低下，陷入连故事书都读不下去的状态。

孩子之所以会出现阅读危机，就是因为缺乏阅读训练。随着年级的升高，图书的难度也在逐渐提升。如果孩子之前缺乏阅读训练，等到年级升高后，面对难度更大的图书，自然会感到难以理解。没有读过多少图画书的孩子会觉得小学一二年级的简单文字书很难，而阅读简单文字书少的孩子又会觉得小学三四年级的图书更难，所谓一步慢，步步慢，如果没能顺利跨过上一个阶段的门槛，追赶起来就会非常困难。

没有克服第一次阅读危机的孩子由于无法很好地阅读自己年龄段的书，因此语言能力发展缓慢，低于正常水平。孩子的语言能力低下，自然不爱阅读，而阅读量少反过来又会影响语言能力的发展，最终陷入恶性循环。当然，由于孩子们不得不阅读教材，所以大部分孩子在一定时间后会自动克服第一次阅读危机，但是时间的迟延会一直存在。试想一下，如果本来在小学一年级的时候就应该克服的第一次阅读危机到了小学四年级才克服，那么这样的孩子怎么可能理解四年级的教材呢？

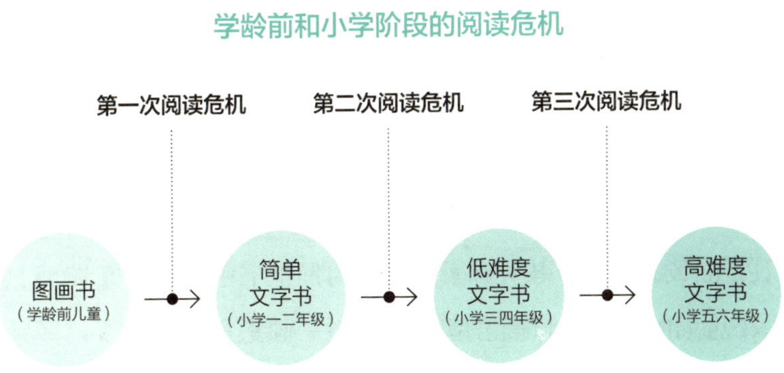

对于不能及时克服第一次阅读危机的孩子来说，克服第二次危机所需的时间比克服第一次危机更长，而克服第三次危机就更困难了。如果带着小学三年级的语言能力升入初中三年级，带着小学五年级的语言能力升入高中二年级，那么想要取得好成绩是很难的。拯救这些孩子的唯一办法就是读书，可是正如前面所说，由于语言能力低于正常水平，他们读了也和没读没有区别，从而陷入两难的境地。

有些家长对此掉以轻心，觉得自己的孩子阅读没有问题，结果让孩子陷入难以扭转的窘境。事实上，虽然很多孩子没有表现出严重的阅读障碍，但是总体来说，阅读能力低于应有年龄水平的孩子高达 70%，也就是说，读这本书的孩子中有 70% 都没有达到应有的阅读水平，只不过大家还没有认识到这个事实罢了。

❖ 小学低年级学生阅读能力诊断方法

小学低年级学生是否存在阅读能力低下的问题，家长可以通过一些简单的方法进行诊断。比如去图书馆借一些小学一年级水平的图书，例如《我的肚子变白的原因》《安妮房间里的幽灵》等。当然，需要借孩子没有读过的书。父母先读，然后让孩子读，等孩子读完以后，父母再问他书中的主要情节。

① 准确而详细地叙述出情节 → 一年级优秀水平

② 准确而简单地叙述出情节 → 一年级平均水平

③ 不能准确叙述出情节 → 一年级平均水平以下

能够详细准确地叙述出情节，意味着孩子记住了很多内容，这时需要注意孩子在叙述的过程中有没有使用书中具体的表达方式。如果引用了书中的表达方式，则说明孩子有着出众的阅读能力。倘若孩子属于第二或第三种情况，父母可以根据书的内容再出 10 道题，题目以书中的重要事件为主。

① 孩子答对 9 或 10 个题目 → 一年级平均水平

② 孩子答对 5~8 个题目 → 一年级平均水平以下

③ 孩子答对 0~4 个题目 → 存在阅读障碍

如果小学一年级学生在第二阶段的测试中属于后两种情况，则说明其阅读理解能力较差，而倘若是小学二三年级的学生，则情况更加严峻。特别是小学三年级的学生，如果答对的题目不足 4 道，那他一定存在阅读障碍。

父母出题的时候，一定要选择与故事的主要情节相关的问题。以《安妮房间里的幽灵》为例，家长读过书后再看下面的问题示例，就会很容易知道应该怎样出题。

《安妮房间里的幽灵》问题示例

1. 去姨妈家玩的艾玛有四天的时间可以拥有自己的独立房间，这个房间以前是谁的？
2. 表弟给艾玛讲了关于阁楼的恐怖故事，故事内容是什么？
3. 阁楼里的书架上摆着很多瓷器玩具，这些瓷器玩具都是同一种动物。请问是什么动物？

4. 艾玛在睡觉的时候被敲打窗户的声音吵醒，这种声音是谁发出的？
5. 第二天晚上，艾玛因害怕而睡不着，她从楼下上来的时候看到窗户附近有个穿白色衣服的物体，那是什么？
6. 第三天晚上打雷了，艾玛在睡梦中仿佛听到雷声越来越近，一道闪电把她从梦中惊醒，她发出尖叫，发现房间里站着一个人，这个人是谁？
7. 艾玛又躺下来准备睡觉，可是怎么都睡不着，因为黑暗中有人在盯着艾玛，这个人是谁？
8. 姨妈每次提起自己的女儿都会叹气，为什么？

……

如果孩子的阅读能力低下，一般会答对 5~8 个问题；如果孩子存在阅读障碍，则只能答对两三个问题；如果孩子的阅读能力很强，那么他读完一遍就能够记住所有情节，而且连猫的毛色都可以记住，这不是因为孩子的记忆力好，而是因为他理解了整个故事的逻辑体系，能够将故事中的各种元素串联起来。

阅读能力强的孩子和阅读能力差的孩子，谁的学习会更好呢？我想不用说大家也都知道。

❖ 秘诀是只读三分之一

明斌的状态是没有办法进入课堂学习的，他连小学一年级的书都看不懂，怎么可能读懂三年级的书？连书都读不了，那就更无法尝试写作了。所以对他来说，最紧要的任务是提高阅读能力。我为他制订了每周读一本小学一年级故事书的计划，并且让他的妈妈把书前面三分之一的内容反复读给他听，因为书的内容很少，所以每天读 10 分钟够了。妈妈读完这些内容就停止，不管孩子怎么请求也不要再给他读。

我让明斌的妈妈参与其中，是为了引起他对故事内容的兴趣。故事书的主线一般都是主人公解决自身问题，如果问题得到圆满解决，就是美好的结尾；如果问题没有解决，就是悲伤的结局。所以，孩子若能够很好地理解主人公出现的问题，自然就会对故事的发展产生好奇，从而激发他主动阅读的兴趣。可是阅读能力差的孩子在独自阅读的时候很难捕捉到故事中发生的问题，自然也不会好奇后面发生什么事情。所以对于像明斌这样阅读能力差的孩子，妈妈最好能陪他读完前面三分之一的内容，帮他理解主人公遇到的问题，从而激发孩子的好奇心。

陪孩子读完前面三分之一的内容后，再让孩子自己花 40 分钟读后面的部分，一定要让孩子拿起书读下去。等孩子读完后，妈妈再针对当天读过的内容跟孩子进行简单的讨论，此举的目的并不是为了了解孩子看懂了多少，而是让孩子谈一下读完后的感受和印象深刻的部分。第二天妈妈继续读这本书前面三分之一的内容，然后让孩子自己读 40 分钟，接着再进行简单的讨论。像这样重复一个星期，等到第 7 天给孩子提炼出 10 个问题，看孩子可以答对多少。

同一本书反复读一个星期，是为了让孩子准确地把握故事的内容和情节脉络。一星期后，即使孩子对后面的部分没有充分理解，也能将前面的内容记牢，甚至连书中的表达方式也能记住不少。

这样读完两本书以后，孩子至少会有两点收获：第一点是熟悉小学低年级图书的特点。小学低年级图书的句子密度适中，比绘本的句子密度高，比小学三四年级图书的句子密度低。

例如学龄前儿童看的绘本《云朵面包》，讲述的是主人公在一个下雨的早晨跟弟弟一起出门，看到了各种形状的云朵，全书一共用了 7 句话来描述这件事情。而小学一二年级的童话书《吃书的狐狸》讲述狐狸把书吃掉以后在图书馆被抓的情景，一共用了 24 句话。也就是说，小学低年级图书中的句子比学龄前儿童的绘本多了不少，情节也更加详细具体。对于具有阅读障碍的孩子而言，由于前期缺乏阅读经验，这样的图书对他们来说很有难度。如果有人在开始阶段将书的前面部分反复地读给他们听，他们就会逐渐熟悉小学低年级图书的句子密度，从而减轻心理负担。

第二点是通过反复听和阅读，孩子会熟能生巧，像海绵吸水一样充分理解故事的内容。

反复听书的前面内容可以让孩子适应书本的句子密度，同时熟悉故事中虚构的世界，从而缓解孩子对阅读的排斥心理。一般来讲，孩子按照这种方法阅读 5 本书，就能够具备独自读完一本书的能力了。如果能够把一本书从头读到尾，那么第二本书读起来就容易多了，因为这时孩子已经具备了一年级应有的语言水平。

孩子读完四五本一年级的图书以后，可以自然过渡到阅读二年级的图书，阅读的方法与之前一样，掌握后再阅读三年级的图书。明斌用了3个月便能够很好地阅读三年级的图书，可以说他是个进步很快的孩子。

决定这个方法的成败和效率的关键有两个。一是要让孩子意识到，除了读书以外没有第二条路可走。有阅读障碍的孩子对读书有着强烈的反感，会想尽各种办法逃避阅读，所以父母要给孩子说明读书的原因，并制订读书时间、读书方式和读书流程等规则。例如“每天晚上8点到9点，家长领读10分钟，孩子独立阅读40分钟，然后双方讨论10分钟”。一定要让孩子知道这是雷打不动的规则，只有这样孩子才会执行。

孩子看书的时候，父母不要离开或者看手机。因为如果父母离开座位或者玩手机，孩子就会失去紧张感，也无法保持专注。父母最好以身作则，陪在孩子的旁边看书，这样会让孩子更容易集中注意力阅读。

第二个关键是图书的趣味性。孩子本来就存在阅读障碍，如果书再没有趣味，阅读过程就会变得更加痛苦，失败的可能性自然会大幅提升。相反，如果图书的趣味性很强，孩子读起来就会饶有兴趣，这样不知不觉就读完了。

当孩子读完一本有趣的书后，再读同样厚度的书就没有太大的问题了。因此制订选书标准时，要将书的趣味性排在第一位，然后再考虑书的实用性等。趣味性强的书读得越多，孩子就越容易克服阅读障碍。

孩子的阅读习惯检查表

	5 分	4 分	3 分	2 分	1 分
每周读书天数（教材除外）	5 天以上	3~4 天	2 天	1 天	0 天
阅读速度（以长篇童话书为标准）	每本 4 小时以上	每本 2 小时以上	每本 1 小时以上	每本 1 小时以内	每本半小时以内
每月读书情况（教材除外）	10 本以上	5 本以上	3 本以上	1 本以上	0 本
每次读书时间	2 小时以上	1 小时以上	1 小时以内	30 分钟以内	10 分钟以内
是否谈及读书感想	每本书都谈	读到有趣的书会谈	偶尔会谈	父母询问的时候才谈	从来不谈
能否说出故事情节	能详细说出故事情节	能详细说出主要情节	能简单说出主要情节	只能说 3~4 句话	说不出来任何情节
所读书中知识类漫画书的占比	0	1/10	3/10	1/2	1/2 以上
学校作业完成情况（读后感、日记等）	优秀	良好	合格	较差	无话可写
语文成绩	不另行学习 90 分以上	另行学习 90 分以上	80 分以上	70 分以上	70 分以下
是否有喜欢的作家或阅读领域	有喜欢的作家和领域，并找出其全部作品阅读	有喜欢的作家和领域，并找出其很多作品阅读	有喜欢的作家或领域，经常阅读	有喜欢的作家或领域，不会特意找来阅读	没有
总分（满分 50 分）					

- 45~50 分：非常优秀
- 35~44 分：优秀
- 25~34 分：一般
- 24 分及以下：问题严峻

让孩子爱上阅读的七大原则

1. 有趣的书才是好书
2. 规定读书时间，每天坚持阅读
3. 不要勉强阅读知识类图书
4. 每周去一次图书馆或书店
5. 越晚接触手机和电脑越好
6. 不要阅读知识类漫画
7. 阅读时要慢慢阅读，多多思考

学习型头脑读书法 4：克服阅读障碍的阅读法（一）

（适用对象：小学低年级学生）

有阅读障碍的孩子需要从适合其语言水平的图书开始阅读，然后逐步提高。例如，如果孩子的阅读水平还处于小学一年级阶段，即使已经上了三年级，也要从阅读小学一年级图书开始。读过 5 本一年级的图书后，若能够准确说出主要情节，再过渡到阅读二年级的图书。

一周读书计划表

1 天	选择图书	和孩子一起去图书馆或书店选择 5 本适合孩子当前语言水平的图书。
5 天	规定读书时间	家长领读 10 分钟，孩子独立阅读 40 分钟，双方讨论 10 分钟。
1 天	奖励	如果孩子能够很好地阅读并理解主要内容，就可以奖励孩子一份礼物或举行一个小仪式。
过渡到下一个阶段		用同样的方法读下一年级的图书。

每天读书

•

父母领读 10 分钟，
孩子独立阅读 40 分钟，
双方讨论 10 分钟

并不是每本书都要坚持读一周，如果孩子能够独立读完一本书，也可以提前进行下一本。这样独立阅读 5 本书，并能够说出书中的主要情节，就可以进入下一个阶段了。

奖励

•

为了鼓励孩子，
可以奖励孩子一份礼物
或举行一个小仪式

孩子进入下一个阶段是值得庆祝的，因为这意味着他的阅读能力有所提升。简单的庆祝仪式或礼物可以唤起孩子的自豪感和成就感。

第五章

拆掉孩子和阅读之间的高墙

* 迷失在教材中的孩子
* 四个月甩掉全校倒数第一的帽子
* 反复阅读的强大威力
* 用语言能力测试激发孩子的阅读动力

分阶段语言能力测试方法

学习型头脑读书法 5：克服阅读障碍的阅读法（二）

❖ 迷失在教材中的孩子

小学低年级学生的阅读能力低下和小学高年级学生及中学生的阅读能力低下的原因有所不同，前者是因为阅读四个阶段中某一个阶段的整合出现问题，读了也不能理解含义，而后者则是因为理解能力没有达到应有水平。以下面一段内容为例。

> 生命体可存在区域指的是在恒星周围，水能够以液体形态存在的一片区域范围。生命体可存在区域内的行星和卫星上可能会有生命存在。恒星的质量越大，则生命体可存在区域的范围越广；恒星的质量越小，则生命体可存在区域的范围越狭。太阳系的生命体可存在区域位于金星和火星之间。

许多高中一年级学生读完课本中的这段文字后都不能够准确理解，甚至无法理解“水能够以液体形态存在的一片区域范围”“恒星的质量越大，则生命体可存在区域的范围越广；恒星的质量越小，则生命体可存在区域的范围越狭”等句子到底在讲什么。虽然每个字都认识，可是把这些字连起来组成句子就不知道意思了，这就说明是阅读理解能力跟不上。当我让阅读理解能力差的孩子找一找课本中不理解的词语时，他们经常找不出来，因为他们不理解的是整个句子，而非个别的词。虽然每个孩子的表现不尽相同，但是有相当多的初中生和高中生都存在这个问题。

想要学习好，阅读的时候就要认真思考，这是学习的起点，也是学习的重点。“水能够以液体形态存在的一片区域范围”这句话，如果单从词语角度去理解是很难明白的。“水本来就是液体啊，以液体形态存在的区域又是什么？区域和液体有什么关系？”

而阅读理解能力强的孩子在看到“水能够以液体形态存在的一片区域范围”这句话时，就能马上联想到水在 0℃以下是固体冰，100℃以上是水蒸气，0℃到 100℃之间才是液体形态的水，同时也会想到决定水所处环境温度的是该区域与恒星之间的距离。

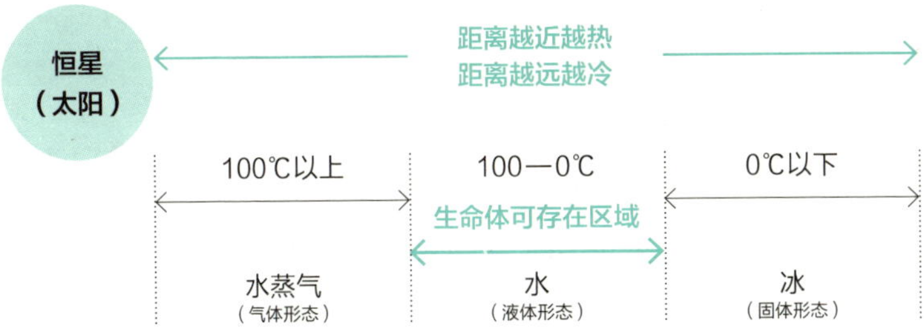

恒星是自身能够发光发热的星体，太阳是最具代表性的例子。距离恒星太近，水会变为水蒸气；距离太远，则会变成固体冰。也就是说，孩子在阅读过程中需要动用文章中没有直接说明的知识来辅助理解，理解以后，就会在头脑中形成上图的思路。

阅读理解能力强的孩子在读完“水能够以液体形态存在的一片区域范围”这句话后，马上就能理解其中的含义，因此学习效率很高，而有阅读障碍的孩子却做不到这一点。

教材难度提高意味着文章的逻辑更复杂，而要想理解逻辑复杂的文章，需要借助文章中没有明确描述出来的概念和常识。语文教材、科学教材、社会教材都是如此。阅读理解能力差的孩子并不是不知道水在 0℃和 100℃之间是以液体形态存在的，而是因为在阅读过程中缺乏思考。这就导致了他们不管看多少遍教材，学习成绩也得不到提高。对他们来说，读书再多也没有用，因为理解能力差，读与不读没什么区别。他们看不到读书的效果，久而久之自然会变得心灰意冷，自暴自弃，最终还是无法摆脱自身的阅读障碍。

❖ 四个月甩掉全校倒数第一的帽子

贤圭来找我是在初中二年级的寒假，他的成绩一塌糊涂，再这样下去文科高中肯定是考不上的。为了提高他的成绩，贤圭的妈妈在家境并不富裕的情况下，给他报了各种有名的辅导班，可是他的成绩还是一直倒数。最后她带着孩子来找我的时候，其实已经处于快要放弃的状态了。

“我真怕他连职业高中也考不上，真是让我操碎了心。”

我给贤圭进行了一次基础语言能力测试，最终成绩只有 38 分，说明他的语言能力只相当于小学三年级的水平，这是我职业生涯中遇到的最低成绩。试想一下，小学三年级的语言水平学习初中二年级的内容，怎么可能取得满意的成绩呢？

我如实地说出了贤圭现在的情况：虽然他即将升入初中三年级，但阅读能力却停留在小学三年级水平，这样下去学习成绩肯定好不了。能够改变现状的唯一办法就是阅读，但是这个过程会非常痛苦。由于贤圭的阅读理解能力太差，开始的时候肯定会读不懂，自然也就提不起精神，所以我告诉他一定咬紧牙关坚持住，花 10 个小时也好，读 10 遍也罢，总之要理解书的内容。“这个寒假除了读书，别的什么都别做，按照你现在的语言水平，英语和数学辅导班上了也没用。”贤圭的脸色有些苍白。第一次见面，老师就敲着桌子对自己说这么严重的话，他可能觉得很不可思议。其实我也没有别的办法，对贤圭这种情况的孩子而言，读书是一件十分痛苦的事情，因此不可能用和善的态度劝他读书，只能态度强硬地逼他阅读。毕竟他马上就要上初三了，如果今后想考上文科高中，平均成绩至少要到 80 分。倘若寒假期间他不能把语言能力提升到初三水平，文科高中就是一个不可能实现的目标。可以说，留给他的时间已经不多了。

果然不出我所料，阅读从一开始就进行得很不顺利。贤圭在第一次课堂测试中，一个问题都没有答对。

“我真的都读了。”贤圭委屈地说道。

“你读没读并不重要，重要的是你记没记住书的内容。”

贤圭叹了一口气，为我没有体谅他的努力而感到伤心。

“如果你看了一部电影，结果什么内容都没记住，那能说你看过这部电影吗？同样，读了书就要记住其中的内容，读的时候不能只看着文字，而要思考文字所表达的含义。”

“重新读。”我用命令的语气说道。

“啊？”

“从头读，理解每个句子的含义，两个小时后我会问你读过的内容，速度慢也没关系，哪怕只读了一页，也要完全掌握内容。”

“那样就会让我回家吗？”

“当然。”

贤圭两个小时读了30多页。我出了5个问题，他回答对了2个，答错了3个。

“我给你一周时间，把这本书读3遍。别想骗我，如果你不能答对所有问题，说明你没有读3遍。因为不管是谁，读3遍后都能记住书的具体内容。”

总而言之，就是不管使用什么手段和方法，我一定要让贤圭准确理解书的内容后再来上课，并且威胁他说，如果测试得不了满分，每次来我这里都得重新读。结果到了下次上课的时候，别说看3遍，他连一遍都没看。从此以后，他每天都在我的监督下读书。《手斧》这本青少年小说他从头到尾全部看完并完全理解一共花了3周。由于他的反抗情绪很强烈，因此阅读过程充满了曲折。他曾经关掉手机让我联系不上，还曾经趁我不备偷偷溜走，也曾因为我的严厉批评而掉下眼泪。其实这是可以理解的，以小学三年级的语言水平来读青少年小说谈何容易，而且我还要求他一直读到完全理解内容为止，对他来说，这肯定是一个非常痛苦的过程。如果贤圭不是即将升入初三的学生，我也不会使用这样极端的方法。

即使这样，我们也没有取得多少成果，贤圭在寒假期间勉强只读了三本青少年小说。初三第一学期开学前，我又给他进行了一次语言能力测试，他得了62分，相当于小学六年级水平。贤圭对此很高兴，可我却开心不起来。因为虽然他的成绩有所提升，读书效果也比以前好，但是离初三水平还相差甚远。贤圭初三第一学期期中考试的平均成绩为 64 分，英语和数学成绩没什么变化，而其他科的成绩有了大幅提升。

“很棒！但是要走的路还很长，要想考上文科高中，期末考试的平均成绩要达到 80 分才行，努力读书吧。”

两周以后，贤圭退出了我们学校，因为他妈妈认为其他科目的成绩都很不错，如果能够提高英语和数学的成绩便能考上高中，所以让贤圭把课余时间都用在了补习英语和数学上。

当然，贤圭的阅读能力还没有达到应有的水平，这里介绍他的事例是为了让大家了解摆脱阅读障碍的方法。贤圭刚来的时候，语言能力仅仅处于小学三年级水平，平均分数在 30 分左右。在之后的几个月中，他没有参加其他补习班，只是读了 5 本青少年小说。通过读书，他的语言能力提升到了小学六年级水平，并在学校的考试中平均成绩达到了 64 分，读书状态也有了很大改善。如果能够坚持到初三第一学期结束，他完全可能达到初中三年级应有的阅读水平，平均成绩即使达不到 80

分，至少也能轻松超过 70 分。虽然这种方法非常辛苦，但是效果却很有保障，原理也很简单。阅读时，不要走马观花地泛泛而读，而要一句句地理解。贤主通过认真阅读和思考提高了语言能力，进而提升了学习成绩，就是这么简单。

❖ 反复阅读的强大威力

克服小学高年级学生和中学生的阅读障碍有两种方法，第一个方法是大量阅读适合自身语言水平的书，第二个方法是反复阅读本年级应有水平的书。这两种方法的目标是一致的，都是为了让孩子通过阅读来提升语言能力。

第一种方法是从适合孩子自身水平的图书开始阅读，逐渐提升至本年级应有的水平。如果某个初三学生的语言能力是小学三年级水平，那么他就从小学三年级水平的图书开始阅读，精读 10 本书后进行语言测试，如果能达到满分，则可以进入到小学四年级水平，然后以同样的方式逐步提升到初中三年级水平。这种方法实施起来相对简单，但是所需时间长，孩子很可能在践行的过程中逐渐松懈下来。与中学生相比，这种方法更适用于时间相对较多的小学高年级学生。

第二种方法是不考虑孩子的实际水平，直接阅读本年级相应水平的图书，也就是让语言能力还处于小学三年级水平的初三学生直接读初三水平的图书。由于图书的难度远超孩子的实际语言水平，因此孩子一定会感到非常痛苦，但是这种方法可以在短时间内取得显著的效果。

阅读理解能力差的孩子阅读自己年级水平的图书时会感到很吃力，对于其中的故事情节、文字量和信息量都很难承受，因此即使读完一本书，也会错过很多情节，而通过反复阅读就可以避免这种情况发生。

举个例子，假设让一个阅读理解能力差的小学四年级孩子读《两个小洛特》。第一次阅读的时候，孩子会错过很多重要情节和线索。比如能够记住两个长得一模一样的女孩子偶遇，却记不住是在哪里遇见的；能够记住她们是小时候被迫分开的双胞胎，却不记得为什么会分开。读完之后，尽管不能记住所有情节，但至少可以获取一些信息。在此基础上再读一遍，第一次阅读时错过的内容就开始进入脑海：“啊，原来是在暑假夏令营中遇见的。”“因为妈妈爸爸离婚了，所以双胞胎才被迫分开的。”这样一点点地像拼图一样把遗失的情节补充完整。第三次阅读的时候也是如此，可以进一步补充第二次阅读时错过的内容细节。这样反复阅读，次数越多，理解的内容也越多，通过这样的过程，孩子就能完成以前从来没有尝试过的真正意义的阅读。

这种方法的效果孩子在读其他图书的时候马上就可以体会到。通过反复阅读准确理解了《两个小洛特》的孩子，再来阅读相同水平的《查理和巧克力工厂》时就会发现，这次比最初读《两个小洛特》时要容易得多。孩子会惊奇地发现，阅读一遍以后能够获取的信息量更多了。如果第一次读《两个小洛特》记住了30%的信息，那么第一次读《查理和巧克力工厂》

则可以记住60%的信息。用这种方法认真阅读3本书，孩子的阅读能力就会有翻天覆地的变化，很可能第一次阅读便能够获得80%的信息。

反复阅读之所以能够发挥如此巨大的威力，是因为孩子不仅完全理解了书的内容，而且已经将故事结构深深地印在了心里。故事书都有主要的脉络和线索，就犹如建筑物都有基本的框架和结构。虽然每个故事的具体情节各不相同，但是大体都遵循同样的发展顺序。

《春香传》：

春香和李梦龙相爱。（故事展开）→李梦龙去参加科举考试，南原使道卞学道赴任。（冲突开始）→卞学道逼迫春香为妾，春香拒绝被打入监狱。（冲突加剧）→春香受审时，被已成为御使的李梦龙解救。（冲突解除）

《两个小洛特》：

长得一模一样的两个孩子偶遇，她们是一对从小就被迫分开的双胞胎。（故事展开）→想成为一家人的两人互换了身份。（冲突开始）→毫不知情的父母对孩子性格的变化感到奇怪。（冲突加剧）→在两个孩子的帮助下父母复合。（冲突解除）

几乎所有故事都具有故事展开、冲突开始、冲突加剧和冲突解除这样的结构，与阅读不同的图书相比，反复阅读同一本书更容易把这种结构铭记于心。不用刻意记忆，通过反复阅读自然而然地熟悉这种结构，再去读其他图书时会自动激发记忆中的线索结构，在阅读之初就开始好奇主人公在这本书里会陷入怎样的困境，在阅读过程中逐步了解主人公的困境，进而开始好奇冲突是如何加剧以及如何解除的。当孩子把故事情节的展开结构熟记于心以后，就可以把握故事的脉络，从而使阅读变得更加有趣和轻松。

❖ 用语言能力测试激发孩子的阅读动力

对小学低年级的学生来说，父母的鼓励、表扬和小小的奖励都可以成为激励孩子反复阅读的手段，但是对小学高年级学生和中学生来说，这种方法就无济于事了，甚至还会适得其反，激起他们的逆反心理。对于他们，父母不能再用对待小孩子的方式，而是应该想尽办法让他们自己认识到阅读对于学习的重要性。

给小学低年级的学生解释读书的重要性没有什么作用，他们根本听不进去，但是中学生不同，每次我给他们演讲的时候都会发现，他们最开始还带着一副不屑一顾的神情，五分钟后则开始身体前倾，全神贯注地倾听。事实上，他们都很希望取得好成绩，但是成绩怎么都提不上去，这时台上的演讲人告诉他们原因出在哪里，解决问题的方法是什么，他们自然会全神贯注地听下去。我演讲的时候，提问环节经常超时，孩子们甚至会追到讲堂外面提问，这说明他们自己也非常急切地想提高成绩。

我之所以在本书中用这么大篇幅来讲解读书和学习之间的关系，原因就在于此。父母可以讲给孩子听或者让孩子直接阅读这本书，不管用什么办法，一定要让孩子认识到读书的重要性，如果孩子不了解读书的理由，就不可能认真读书，不认真读书就不会有好的效果。

等孩子认识到读书的重要性以后，接下来就要让孩子通过基础语言能力测试来了解自己的现状，比如自己现在的语言能力如何，以现在的语言能力可以学习什么等。语言能力测试既可以是学校的定期考试、教辅材料中的典型试卷，也可以是辅导班老师或父母参照高考语文试题的形式，将难度调整到适合孩子当前年级水平的试题等。

我指导学生的时候会让他们每6个月进行一次基础语言测试，这样做有两个原因：一是为了让他们准确了解自己的现状。即使年龄相同的孩子，其语言能力也千差万别，有的初三学生只具备小学三年级水平的语言能力，有的小学六年级学生却具备高二的语言水平。清楚自己处于什么水平，才能有的放矢，找到合适的阅读方法。

二是为了让他们了解自己语言能力的变化趋势。如果孩子们只是一味地阅读，却不知道自己的能力是否有所提升，就会很容易产生心理疲劳。每半年进行一次语言能力测试，孩子们就能清楚地了解自己语言能力的变化。前面已经讲过，如果孩子每两周精读一本书，6 个月后会提高 5~10 分；如果采用反复阅读的方法，效果会更加显著，至少提高 10 分，多则可以提高 30 分。倘若孩子坚持 6 个月，语言能力没有任何变化，那就意味着他没有认真阅读，要么是走马观花地随意浏览，要么是阅读的时候三心二意，总之没有静下心来认真读。语言能力测试是对这段时间读书情况最客观准确的判断方法，如果孩子真的静下心来认真读书，那一定会取得令人惊讶的进步，而成绩的提升又会激发孩子继续读书的欲望，从而形成阅读的良性循环。

孩子在学校考试成绩不好的时候可能会找个借口说“我没好好学习，所以分数不高”，但是自己的语言能力远低于年级水平的时候是没有借口可以找的，因为这是客观的能力评价，孩子可以更加切身体会到自身问题的严重性。这时可以给孩子推荐前面介绍的快速提高语言能力的反复读书法，6 个月精读 12 本书，语言能力测试提升 20~30 分不是问题。

基础语言能力测试分数比较优秀的小学生和初中生还可以通过历年高考语文原题来继续提升自己的语言能力。高考语文试题是非常优秀的语言能力测评工具，毕竟是由全国最杰出的专家花费大量心血设计的一套试卷，因此水平很高，同时能够间接地判断出孩子将来的高考成绩。缺点是其中不少题目涉及高中教材内容，所以在给小学生或初中生测试时，要删掉这些题目，比如诗歌鉴赏、名篇背诵等。往年的高考试题可以很容易地在网上找到，使用时只需把要删除的题目用记号笔标记出来就可以了。

孩子只要认真读书，语言能力就会提升，而提升的程度可以通过各种语言能力测评工具得到检验。倘若孩子能够坚持认真阅读，他的语言能力测试分数就会稳步提高。如果他在初中毕业时解答高考语文原题能达到 80 分以上，也就是初三的时候其语言能力能达到高三水平，那他就具备了考入名校的学习头脑。在我教过的学生中，初三时语言能力测试分数能够达到 80 分的学生 80% 以上都考入了名牌大学，相反 60 分以下的孩子进入名牌大学的概率只有 10%。

阅读理解能力差的孩子并不是先天就具有阅读障碍，只是因为阅读训练不足而陷入了困境，由阅读训练不足产生的问题自然要通过加强阅读训练来解决。请和孩子一起制订读书计划，加强阅读训练吧！只要坚持阅读，我们的孩子 6 个月后就可以达到正常水平，一年后就可以超越同龄人，两年后则可以达到高中三年级的语言水平。

分阶段语言能力测试方法

孩子在阅读期间，最好每 4 个月或 6 个月进行一次语言能力测试。如果孩子在初中毕业前能够达到第四目标，就说明他具备了轻松学习高中知识的语言能力。

第一目标 · 基础语言能力测试 80 分	第二目标 · 高考语文试题改编版 60 分	第三目标 · 高考语文试题改编版 80 分	第四目标 · 高考语文试题原题 80 分
说明具备了小学六年级的语言能力。	说明具备了初三的语言能力，初中学习没有困难。	说明具备了高二的语言能力，可直接测试高考语文原题。	说明具备了高三的语言能力，高中学习没有困难。

语言能力测试工具

	说明	获取途径
基础语言能力测试	按照高考语文试题的形式和难度，将题目调整到学生当前年级水平。	学校的定期考试、教辅材料中的典型试卷，辅导班老师或父母亲自出题等。
高考语文试题改编版	删除高考语文原题中与高中教材相关的题目（诗歌鉴赏、名篇背诵等）。	网页下载。
高考语文试题原题	历年高考语文原题。	

学习型头脑读书法 5：克服阅读障碍的阅读法（二）

（适用对象：小学高年级学生和中学生）

对于小学高年级学生和中学生来说，首先要明白读书的重要性，理解自身的语言能力和学习成绩之间的关系，这样才能激发他们的阅读积极性。其次，要每 4 个月进行一次基础语言能力测试，让孩子了解自己语言能力的提升情况。如果孩子的基础语言能力测试的分数超过 80 分，就说明他已经完全摆脱了阅读障碍，达到这个分数以后，就可以使用高考语文试题改编版每 6 个月进行一次测试。

提高阅读能力的方法

对话	向孩子说明语言能力和学习成绩之间的关系。
进行基础语言能力测试	通过基础语言能力测试检验孩子现阶段的语言水平。
选择图书	小学高年级学生可以选择有趣的长篇童话，中学生则可选择青少年小说。
阅读第一阶段：阅读第一章	长篇童话和青少年小说的篇幅很长，阅读能力较差的孩子很难一次性读完，所以每次可以读一章。

续表

阅读第二阶段：确认是否准确理解了第一章	如果没有理解第一章的内容，就多读几遍；如果还是无法理解，可以考虑让孩子抄写。
阅读第三阶段：阅读后面的内容	准确理解了第一章后，继续阅读后面的内容，直到读完全书。
再选择一本书，按照上面方法阅读	用同样的方法阅读 5 本书。
再次进行基础语言能力测试	对于语言能力较差的孩子来说，认真地阅读 5 本书就可以大幅提高测试成绩。通过测试成绩看到自己的进步之后，孩子也会产生更高的阅读积极性。

读书

•

以章节为单位进行阅读

以章节为单位进行阅读，对于不容易理解的内容最少要阅读3遍。

确认

•

保持认真阅读的状态

父母一定要经常和孩子进行交流，确认其读书情况。如果孩子有不理解的内容，可以让他进行抄写。

第六章

成为阅读型人才的第一步

* 教育强国期望的人才
* 禁止早期教育的芬兰
* 孩子的大脑还好吗?
* 绘本是阅读的起点

早期教育和学习强度对大脑的影响

学习型头脑读书法 6：培养孩子亲近图书的阅读法

❖ 教育强国期望的人才

小学三年级的泰贤从一开始就给我留下了深刻的印象。

“妈妈，这里这里。”

一个男孩子拉着妈妈的手推开了办公室的门，妈妈不情不愿地跟我打招呼，一看就知道她是被孩子拖来的。一般都是父母拖着不愿意来的孩子，而泰贤却正好相反。

泰贤让妈妈坐在我对面，然后自己跑到书架旁，一脸兴奋地开始探索书架上的书。来到办公室先看书架的孩子有很多，但是泰贤跟他们不一样，好像看的不是书架，而是摆满了玩具的玩具架。

“我家泰贤特别喜欢看书。”

泰贤的妈妈对孩子的自由行动感到有点儿尴尬，不太自然地笑了笑，开始向我讲述泰贤的情况。泰贤确实是个不同寻常的孩子，从来没有接受过课外辅导，识字也是在五岁的时候自己学会的。“读书当然是好事，由于读书多，虽然没参加过辅导班，学习也不是特别刻苦，但是成绩却很好。可是每天抱着书看也让我有点儿担心，他总不出去玩，因此比同龄的孩子矮，身体也弱，总爱生病。我想让他去运动，送他去学跆拳道，结果两个月不到就退学了。”

泰贤是个真正的读书狂，每次来学校都会借走五六本书，但这也不是他一周阅读量的全部，他就像去自己家一样出入图书馆，借各种类型的图书看。课间休息结束的时候，其他孩子因为没玩完手机游戏让我再多给一分钟，而泰贤则是因为手中没看完的书让我再等一分钟，以至于让每天强调读书重要性的我反而说出“把书合上”这种自己都觉得很陌生的话，可以说，他真正做到了书不离手。

泰贤只上了不到一年就搬家了，虽然他还不到进行语言能力测试的年龄，但因为很好奇他的语言水平，所以我在他搬家之前对他进行了语言能力测试，结果是 87 分，小学四年级的泰贤的语言能力已经达到了初中三年级的水平。

泰贤并不是所有科目都能得到满分，他的平均成绩是 90 分，这个成绩全班一半以上的孩子都能拿到，但是他取得这个成绩的方法却和其他孩子完全不同。其他孩子去补习班，做练习册，通过认真备考才拿到了 90 分，而他除了正常听课以外，什么都没做就拿到了这个分数。其他孩子加足马力考到的分数，泰贤只是轻轻踩了一下油门就得到了。如果这样的孩子到了初中或高中开始挽起袖子努力学习，会出现什么结果呢？我想，只要妈妈不阻止他读书，高考取得好成绩是显而易见的。

取得好成绩的最佳方法就是成为娴熟的阅读者，这并不是我这个读书教育工作者的一己之见，而是全世界教育发达国家的普遍培养目标，是教育界的“全球标准”。

芬兰人口仅占全球人口的 0.2%，可是 22% 的诺贝尔奖获得者都来自芬兰。芬兰成为全球教育第一强国的原因正是大力倡导阅读教育，说学校的存在是为了读书也不为过。占常青藤毕业生 30% 的犹太人的教育理念是阅读和讨论，美国成立国家读书委员会意在提高学生的阅读能力，而另一个教育强国日本也计划引进芬兰的阅读教育体系。这些国家的教育目标都可以归结为一个，就是怎样能够让孩子爱上阅读，怎样培养热爱读书的孩子。

❖ 禁止早期教育的芬兰

我认为教育学龄前儿童的最好方法就是和孩子一起愉快地玩耍，并且每天给孩子读一次书。父母每天问孩子：“要不要给你读一本书？”然后让孩子选择自己喜欢的绘本，声情并茂地读给他听。其他什么都不用做，只需做到这一点就足够了。

听我讲这样的话，大部分父母都会觉得我说的是天方夜谭，一天只给孩子读一次书，孩子怎么能在激烈的竞争中脱颖而出呢？韩国的平均水平是孩子 4 岁可以读绘本，5~6 岁开始学习英语和数学，然后上跆拳道、钢琴、美术等各种培训班。生活在这样内卷的现实社会中，听到“每天只读一次书”的主张肯定会觉得不可思议，因为这与韩国的教育现状太脱节了。然而跳出韩国教育现状这个“围栏”，情况就会大不相同。

以芬兰为首的欧洲教育强国都不会让学龄前的孩子学习，而是让他们尽情玩耍。芬兰幼儿园老师的工作就是给孩子指定玩耍的时间和场所，并保证他们的安全，例如冬天的课外活动时间，老师给孩子们发雪橇，让他们尽情地在院子里玩雪，既可以滑雪橇，也可以堆雪人，任由孩子选择。老师就像安全员一样看着孩子，只要孩子不请求老师帮忙或者不出现危险情况，老师就不会干涉他们玩耍。到了规定的时间，老师会要求孩子停止玩耍，把雪橇放回原位，然后带领大家回到教室。除了吃饭和睡午觉的时间以外，孩子的唯一任务就是玩耍。比如用彩纸和胶水做手工、即兴表演、读绘本讲故事等，都跟学习没有多少关系。所谓学习无非就是每周去一次附近的体育馆学习体操，或者进行安全教育。父母对孩子的教育就是给孩子读绘本或者一起去图书馆，读书也是孩子说停就停，可能 10 分钟，也可能一小时。

在我们看来，这跟放任自流没什么区别，因为完全没有我们概念中的学习环节。进一步了解后我们发现，芬兰竟然禁止教学龄前儿童学习文字，法律规定禁止教 8 岁以下儿童学习文字，这里的文字并不是指英语等外语，而是指母语芬兰语的字母等。芬兰并不是个例，大部分欧洲发达国家都明令禁止早期文字教育，德国在小学入学通知书上明文写道："如果您的子女在入学前已经学会了字母，可能会对教学产生不良影响。"以法律形式禁止作为学习起点的文字教育，就意味着把以学龄前儿童为对象的教学视为违法。反观韩国的 7 岁儿童，韩语读写对他们来说是基本要求，很多孩子都已经开始学习英语对话和加减法了。在欧洲教育者看来，这简直是在全国范围进行非法活动。

❖ 孩子的大脑还好吗？

家长们让孩子接受早期教育的理由很简单，“教得越多知道得越多，知道得越多学习就越好”。特别是英语等外语教育，家长们普遍认为开始得越早越有利。早教机构制造紧张气氛的营销策略，加上家长们争强好胜的竞争意识，为早教奠定了心理和理论的坚实基础。

短期来看，这样做确实能够取得显著的效果。3 岁的孩子能够读韩文，5 岁时可以读英语，只要投资就能看到效果。如果这种教育可以在整个教育过程中持续发挥威力，且对孩子没有不良影响，那我一定会举双手赞成，但是问题在于事实并非如此，而是正好相反。

众多研究结果表明，早期教育会伤害孩子的大脑，韩国脑研究院的首任院长徐维宪教授曾对早期教育的危害性做过如下阐述：

“婴幼儿的脑神经回路没有发育完全，尚处于缠绕在一起的状态。就像缠绕在一起的电线一直超负荷运行，电线就会损坏一样，超负荷的早期教育也会损坏孩子的大脑神经，导致孩子患上学习障碍症候群、忧郁症、反应性依恋障碍等多种疾病。”

早期教育就好像是把没有组装好的汽车开上高速公路一样。这并不是徐教授一个人的观点，世界脑科学界的众多研究结果也证明了这一结论，脑科学界的研究专家一致认为，婴幼儿时期并不是适合学习的时期。

20 世纪 60 年代，美国脑科学家保罗・麦克莱恩率先提出了“大脑三位一体理论”。该理论指出，人类的大脑主要分为三层。第一层是位于最内侧的脑干，称为“爬虫类脑”，主要负责心脏跳动或呼吸这样的基本生命活动，胎儿在母亲腹中的时候脑干就已经基本成熟。第二层是覆盖着脑干的大脑边缘系统，称为“哺乳类脑”。这个部位负责开心、伤心、愤怒、恐惧等情绪以及喜欢、讨厌等情感，它在孩子出生后的6个月内集中发育。第三层是大脑皮层，又称“灵长类脑”，主要负责智能、思考、语言等，从出生开始发育一直到7岁才基本形成。总而言之，大脑维持生命的能力是与生俱来的，孩子在6岁之前大脑主要发育与情感、情绪相关的能力，7岁以后大脑才为学习做好了准备。

婴幼儿期是情感发展、情绪发育的最重要时期，也是不具备学习条件的时期，这个时期的孩子就像一辆还没有组装好的汽车，虽然既有车轮又有引擎，可以慢速行驶，但是绝不能开上高速公路。3岁的孩子可以学会拼读，也可以记住英语字母，父母因此产生了自己的孩子领先于其他孩子的错觉。殊不知，这种揠苗助长的行为会给孩子的大脑带来伤害。由于过早使用尚未发育完善的大脑，大脑会通过神经调节肾上腺分泌皮质醇这种与压力相关的物质，从而阻碍负责记忆力的大脑海马体的发育。所以说早期教育并不能促进大脑发育，反而会阻碍大脑发育。

如果学习压力一直持续，孩子的大脑就会出现不可逆转的损伤。众多研究结果表明，高强度的早教会造成孩子的大脑边缘系统损伤，从而导致孩子患上后天自闭症。这些永久性损伤通过大脑切片图就可以观察到。很多英语小天才、读书小天才长大以后都患上了自闭症，这些案例在教育书籍、研究报告和纪录片中都有记载。这些孩子很难与朋友交流沟通，无法控制自己的情绪，生活在自己的世界中走不出来。他们早至四五岁，晚至十一二岁就会出现相应症状，出现症状以后不要说学习，连基本的生活都难以自理。更可怕的是，一些父母对自闭症一无所知，认为自闭症的症状是孩子作为天才的表现。

不仅高强度的早教会给孩子带来不可逆转的伤害，低强度的早教也会对孩子造成一定程度的伤害，比如导致孩子患上比后天自闭症症状轻的“超读症（Hyperlexia）”，很多孩子都有这样的症状。超读症的表现是阅读文字的能力很强，但是理解其含义的能力极度低下。比如虽然孩子能够自己阅读《小猪三兄弟》，但是不能理解故事的含义。患者的阅读理解能力很差，甚至会出现阅读障碍。如今，因为患上超读症而去儿童精神科或学习治疗中心接受治疗的孩子日益增加，专家们认为造成这种情况的主要原因有三个：过早进行识字教育，习惯性地看电视，频繁地使用手机。韩国孩子在这三方面居于全球首位，超读症的患者当然会日益增加。

也许有人会说：“也有很多接受早教的孩子没有出现自闭症或超读症的症状啊。”确实，没有自闭症或超读症的孩子毕竟是大多数，有的父母认为现在大部分早教班都是寓教于乐，因此没有关系。但事实却并非如此，如今访问学习治疗中心的孩子与日俱增，他们的主要症状是缺乏学习兴趣和语言能力低下。坐在书桌前却不想学习，而且看不懂课本，这些孩子并没有生理或智力问题，只是缺乏学习兴趣。还有更多的孩子症状较轻，没有来治疗中心接受治疗，但他们之间只是症状轻重程度的差异。他们会去辅导班听老师讲课，也会逼迫自己学习，但是态度极其被动，不会自己制订学习计划，自学能力也很差。

“很多过早学习识字的孩子都讨厌看书，因为一看到文字就感到厌倦。”

韩国 KBS 电视台的一档纪录片《读书的韩国：阅读革命》明确地揭示了为什么韩国的阅读教育尚未取得成功，为什么公立教育会走到崩溃的边缘。婴幼儿接受早教后，家长可能会感觉孩子变聪明了，但是这只不过是错觉，孩子最终会出现学习乏力的现象，区别只在于时间早晚而已。这些孩子一般不愿意独立阅读和理解课本，一提到学习马上想到辅导班老师。因为不愿意做，所以越来越做不好。成就感和欲望也属于情感，而情感受大脑边缘系统支配，如果大脑边缘系统性能低下，孩子就会丧失欲望和进取心，这也正是发达国家禁止早期教育，把早教列为非法的原因。

❖ 绘本是阅读的起点

《每天 15 分钟：给孩子读书的力量》一书的作者，美国著名阅读研究专家吉姆·崔利斯认为给孩子读书对提升其学习能力有巨大帮助。

大部分人听到这个观点都会产生质疑。质疑主要有两点：

一是听起来太简单，是否真有如此效果；二是孩子是否会喜欢。

给婴幼儿读绘本的效果远远超乎想象。百闻不如一见，下面我们来了解一下阅读绘本的具体过程。

孩子拿着一本喜欢的绘本跑过来，爸爸让他坐在自己的腿上。孩子选择的绘本是《大卫，不可以》，内容是淘气包大卫由于喜欢做各种调皮的事情，受到了妈妈的批评。

爸爸先让孩子看绘本的封面。封面画的是一个小男孩脚踩书本，正要弄翻高处的鱼缸。爸爸用生气的语气阅读书名：

"大卫，不可以！"

听到爸爸的话，孩子会变得紧张。"不可以"是平时爸爸妈妈最常说的话，但是此时孩子并不会觉得害怕，反而觉得爸爸夸张的语气很有趣，因为被批评的孩子又不是自己，而是大卫。孩子还会笑嘻嘻地一起批评大卫："不可以，大卫，你怎么能这样呢？"每天都是被批评的对象，现在终于可以跟爸爸妈妈站在一个阵营来批评大卫了。

爸爸问："大卫心情如何？"

"应该会很伤心，因为被批评了。"孩子会联想起自己受到批评时的情景。虽然他现在站在爸爸妈妈的立场批评大卫，但是却非常理解主人公大卫的心情。

"爸爸妈妈为什么批评大卫呢？"

"因为淘气呗。"孩子也能够理解父母批评大卫的原因。大卫经常调皮捣乱，因此总是受到批评。大卫受到批评的原因跟孩子平时被父母批评的原因没有区别。孩子不由得心里一紧，隐隐地为大卫担心：“整天做令人讨厌的事情，大卫会成为大家都嫌弃的孩子，这可怎么办呢？”

“宝贝，来这里！”爸爸用温和的语气读着最后一页。

“大卫乖，我爱你。”绘本中的大卫被妈妈抱在怀里，此刻正在读书的爸爸也把孩子紧紧抱在怀里。

孩子嘿嘿笑着说：“我也爱爸爸。”

虽然给孩子读书很简单，但正是这种看似简单的行为却让孩子得到不少成长。首先，读绘本是刺激孩子大脑边缘系统发育的最有效方法。就像孩子长身体的时候需要吃好睡好一样，想要大脑边缘系统发育良好，也需要进行能够促进其发育的活动，比如抚摸和拥抱孩子，和孩子一起聊天或玩耍等，而阅读绘本则可以把上面的所有活动集合起来。孩子坐在父母怀里听故事，从父母夸张的表演中体会丰富的感情，自己也能融入故事成为其中的角色，这会让孩子感到十分幸福，全身心地感受到父母对自己的爱。在爱与关怀的幸福感中，孩子能够体会到故事中人物的情感，而且不是呆坐在那里感受，而是直接成为其中的角色，这既是积极理解他人心情的过程，又是表达自己情绪的过程。通过这个过程，孩子能够更深刻地理解别人，表达能力也能够实现飞跃提升。

孩子从来不会一本绘本只读一遍，如果觉得有趣的话，他会让家长一遍又一遍地读。同样一本书读了很多次以后，父母自然会变些花样来读，有时让孩子在书上找某件物品，有时给孩子出个小问题，有时一边读一边和孩子互动。在这个过程中，孩子的思考能力、观察能力、语言能力和创造力都会得到提升，最重要的是，所有成长过程都是在愉快有趣的氛围下进行的。给孩子读的书越多，孩子越喜欢这种氛围，读书成为孩子和爸爸妈妈共度亲子时光的幸福记忆，也成为一种有趣的亲子游戏。

芬兰等发达国家的孩子们正是带着对书籍的喜爱进入小学的。从表面上看，他们好像比我们的小朋友落后一大截，我们的很多孩子在进入小学前，早已熟知英语字母、加减法等知识，但是芬兰小朋友连芬兰语字母也不认识，加减法更不会做，基本什么都不会，唯一的长处就是喜欢看书。我们的小学生在学校里整天学习，而且还要上各种辅导班，但芬兰的小朋友去学校也不学习，而是读书。芬兰学校的课程之一就是学校图书管理员给孩子们读书，并讲解怎样选择好的图书以及有趣的阅读方法等，然后孩子用图书管理员讲解的阅读方法来自学学校课程。老师给大家布置任务后，就把孩子们带到图书馆，让他们自己寻找相关的杂志、书籍和报纸来读，然后以阅读的内容为基础进行演讲和讨论。他们的大部分课程都是以这种方式进行的，阅读本身就是课程，课程的内容就是读书。芬兰著名的教育理念“教得越少，学得越多”用这种方式得到了完美体现。

当我们的小学生正忙于参加各种辅导班，死记硬背英语单词，预先学习数学的时候，芬兰的小学生则在快乐地阅读，这样一本本读下来，孩子的语言能力飞速发展。以学校不进行考试而闻名的芬兰只进行一项定期测试，就是阅读能力测试。学校会持续跟踪测试孩子的阅读能力，如果某个孩子的阅读能力下降，学校就会为他提供额外的课程，以帮助他提高阅读能力。

也就是说，芬兰的学校将“学习型头脑读书法”加以制度化和规范化。

得益于通过阅读培养起来的学习型头脑，芬兰学生的自学能力都很强，因此不需要接受课外辅导。韩国学生从婴幼儿阶段就开始学习英文和数学知识，到高中仍然整天陷在英语和数学的深渊中无法自拔，而芬兰学生虽然刚开始连芬兰语字母都不认识，到了高中却可以流利掌握三四种外语，所有科目的平均成绩都达到了世界最高水平，所用的时间却不到韩国学生的三分之一，毕业后也能一直保持阅读的习惯。芬兰也因此成为全球国民阅读能力最强的国家，人口虽然只有500多万，国家竞争力却高居全世界前十名。

我们往往关注孩子学到了多少知识，而芬兰的父母则关注孩子的阅读能力如何，因为他们知道，只要成为娴熟的阅读者，知识就唾手可得。而将孩子培养成娴熟阅读者的第一步，就是在孩子上学之前，每天给他阅读一本绘本。绘本就是培养娴熟阅读者的起点。

早期教育和学习强度对大脑的影响

“3 岁时孩子的大脑已经发育完成”是早期教育的理论基础。该理论声称，0~3 岁是大脑发育最活跃的时期，大脑就像海绵一样可以无限地吸收知识。这一理论兴起于 20 世纪 80 年代，如今已经遭到淘汰。现在脑科学的研究成果和我在教育现场亲眼所见的实例都表明，强迫孩子在 7 岁以前学习知识弊大于利。

0~7 岁大脑发育不成熟

0~7 岁是大脑边缘系统集中发育的时期，此时孩子的大脑还没有为学习做好准备。

早期教育

分泌压力激素

使用尚未发育好的大脑进行学习会刺激压力激素的分泌，这类激素会妨碍大脑正常发育。

大脑发育不良

学习强度过大，长时间持续下去会对大脑造成致命的影响。

学习强度

语言能力低下

很多接受早教的孩子都遭受着语言能力低下的痛苦，因为阅读理解教材的能力差，所以厌恶学习。

学习乏力症

很多过早开始学习的孩子都会失去对学习的兴趣，觉得学习是一件很无趣的事情。

超读症

过早开始识字教育的孩子经常出现这种症状，他们能够读出文字，但是不能理解其含义。

后天自闭症

孩子从小持续接受高强度的学习会导致自闭，大部分接受残酷的训练而成为“神童”的孩子都会出现自闭的症状。

学习型头脑读书法 6：培养孩子亲近图书的阅读法

（适用对象：学龄前儿童）

学龄前儿童读书的目标主要有两个，第一是和图书亲近，第二则是将故事的结构熟记于心。只要达到了这两个目的，理解能力、词语运用能力和表达能力的提升自然水到渠成。把读书的主导权交给孩子，选择孩子喜欢的图书，在孩子想听的时候读给他听，不想听的时候就适可而止，这才是针对学龄前儿童的最佳阅读法。

每天读书指导法

满足孩子的读书要求	孩子要求读书的时候一定要满足他，这是效果最好的黄金时间。如果孩子没有要求，父母可以主动问他："给你读书好不好？"
让孩子挑选喜欢的书	把选书的权力完全交给孩子，父母不要为了让孩子学知识而帮他挑选知识类图书，也不要强迫孩子听新书。
给孩子读书	尽量用夸张有趣的语调读，如果爸爸妈妈敷衍了事，孩子很快就会失去兴趣。
适可而止	孩子不愿意听或者精力不能集中时就停止读书，否则读书就不是一种愉快的活动，而变成了一种负担，与其徒劳无功，不如适可而止。

去图书馆借书
或
去书店买书

→

坚持
每天读书

经常和孩子一起去图书馆借书，或去书店购买孩子喜欢的书。

可以根据孩子的需求，每天读 15 分钟或者一个小时。即使孩子一直想听同一本书，也要愉快地读给他听，没有比反复阅读效果更好的读书方法了。

第七章

是什么在阻碍孩子进行独立阅读？

* 最常见的阅读教育失败案例
* 阅读的目的并不是获取知识
* 独立阅读的第一阶段——多读内容简单的书
* 速读为什么不好？
* 独立阅读的第二阶段——自己选择图书
* 毁掉独立阅读的罪魁祸首

干扰孩子独立阅读的因素

学习型头脑读书法 7： 实现独立阅读的基础阅读法

❖ 最常见的阅读教育失败案例

“小时候我真的给孩子读了好多书，可是到了小学二三年级他就不爱看书了。”

家长们经常对我说这样的话。其实韩国小朋友的阅读量绝对不少，因为很多父母都对阅读教育略知一二，也都坚持按照正确的方法饱含热情地给孩子读书，但奇怪的是，大部分孩子长大后却跟书籍越走越远，到了青少年时期干脆就不看书了。

阅读教育为什么很难取得成功呢？下面我们通过最有代表性的阅读教育失败案例来了解一下原因。

我刚开始做老师的时候，有一位家长请我对她的孩子进行一对一的读书指导，她不希望使用学校的常规课程，而是希望我为孩子专门制订一个计划。这是我第一次收到这样的请求，又是我一个学生的家长推荐的，所以我便约她进行面谈。

面谈前，我先去看了一下她孩子的房间，一面墙全是书，从康德的《纯粹理性批判》、马克思的《资本论》和卢梭的《社会学概论》，到马基雅维利的《君主论》，应有尽有。虽然这些书都标注着“儿童版”三个字，但孩子也根本看不懂。我挑了其中几本书翻看了几页，发现只有中间几页有被翻过的痕迹，前面和后面都是全新的。孩子并没有从头开始看，而是从中间翻看几页便合上了，也许是为了欺骗父母自己已经读过。

“我对孩子读书这一点管得很严，直到去年他还很喜欢看书，可是六年级以后他的语文成绩突然下滑，读书多应该语文成绩好才对啊？不知道问题出在了哪里。”

我问她是从什么时候开始让孩子读知识类图书的，得到的答案是上小学前，虽然也给孩子读过故事书，但读的主要是历史全集。我把孩子的实际读书状态告诉了她，孩子只是翻开书而已，其实并没有真正阅读，并建议从现在开始要让孩子读有趣的故事书。

“老师，不是这样的，我家孩子喜欢读知识类图书，读完后还会滔滔不绝地发表看法，而且直到去年他都很喜欢看书。现在不知道怎么回事，再说故事书能有什么用啊，跟学习一点儿关系都没有。”

最终孩子的妈妈没有听从我的意见，读书指导也终止了。

阅读教育失败的案例大部分都存在相似的问题：一是随着年级的升高读书量骤减，孩子从学龄前开始读书，小学低年级时读书量最大，到了小学高年级读书量开始逐渐滑落，到青少年时期基本已经不读书了；二是很多孩子读书时喜欢速读，虽说是在读书，其实只是浏览，年级越高，这种趋势越明显；三是孩子要读的书大多由父母选择，像《社会学概论》《纯粹理性批判》这样的书不可能是孩子选择的。

孩子们不读书的原因很简单，父母把读书看作是获取知识的手段，可孩子们每天都在学校和辅导班学知识，还有谁会愿意继续学习考试中不会出现的知识呢？

阅读是培养学习型头脑的最佳方法，但是如果只把阅读当作积累知识的手段，那么阅读教育一定会失败。所以，请家长放下给孩子灌输知识的执念，把阅读教育的出发点放在快乐阅读上。

❖ 阅读的目的并不是获取知识

对于学龄前儿童来说，绘本就是他和爸爸妈妈一起共享亲子时光的玩具。绘本有充满童趣的图画，还有简短的文字，孩子虽然不能全部听懂，但却可以从图画和爸爸妈妈的声音中感受到其中的乐趣。听的时候，孩子会不时大笑，还会用手触摸图画，而且由于内容简单，父母不需要学习就能够很好地给孩子讲解。

不过这样的阅读很快就会陷入危机，危机一般来自早教老师或邻居家父母的言论。

“家里有古代故事全集吧？”

“这个年龄段要开始读科学全集啦。”

“这次某某出版社出版的历史全集真不错，我家孩子喜欢得不得了，一口气能读五六本。”

听到这些话，家长们都会陷入恐慌，生怕自己家的孩子屈居人后，然后就会不假思索地购入各种全集，比如古代故事、世界名著、本国历史、世界历史、科学、数学、伟人传记等。

说到对儿童图书全集的热衷和喜爱，和其他国家相比，韩国真是领先了不只一点点。

在 20 世纪 70 年代的韩国，绘本的制作成本很高，而且还没有人意识到给孩子读绘本的重要性。成本高，又没有消费者，婴幼儿文化产业举步维艰。就在这时，图书全集应运而生，一跃成为儿童出版社的“宠儿”。由于全集的册数很多，因此降低了单本成本，再加上营销广告大肆宣传读书的重要性，从而拯救并扩大了童书出版业市场。在市场行情的带动下，《小狗便便》《云朵面包》这种优秀的单行绘本才逐渐走进大众视野。

可现在看来，问题正是出在了图书全集的营销策略上。销售人员会大肆宣传每个年龄段的孩子都有需要阅读的图书和需要掌握的知识，古代故事、世界名著、历史、社会、数学等全集如果不在当前的年龄段阅读，孩子的学习成绩就会落后。简而言之，这些宣传把读书当成了学习，而家长们一旦被这些宣传洗脑，也就掉进了读书等于学习的陷阱之中。于是，本来应该如游戏般愉快的阅读最终变成了枯燥的学习。

全球著名心理学家米哈里·契克森米哈赖在《专注的快乐：我们如何投入地活》一书中指出，游戏和工作的原理在本质上是一致的，两者都有需要完成的课题，都有明确的目标。但我们一般都会专注于游戏，而不能专注于工作。因为玩游戏是自发的，而大部分工作却是被动的，其课题和目标都是别人规定的。当你对这个课题和目的不感兴趣的时候，工作便会变得枯燥无聊，你自然也就无法集中精力了。

读书也是一样，一套全集一般包含 30~50 本图书，家长们根本不管孩子的兴趣是什么，只是一股脑儿把这些书全放在书架上。因为父母已经花了钱，所以要求孩子必须读完，孩子的兴趣和自主权全部被剥夺，读书最终变成了读完既定书目的被动行为。这些图书全集始终占据着书架的一角，对孩子和父母来说，它们就像一份需要卸掉的心理负担。

“你这个年龄段的孩子要懂一些科学知识，这样上学以后才能学习好。”

虽然孩子很难对这样的话产生共鸣，但是也要耐着性子把书读完，因为父母希望自己这样做，而希望得到父母的爱和称赞是孩子普遍的心理需求。这些图书全集充满了干巴巴的知识，就像学校的教材一样无视孩子的兴趣，需要学习理解的内容是规定好了的，只需要熟记下来就行了。

很多父母会说“我家孩子非常喜欢看图书全集”，确实读图书全集的学龄前儿童有很多，但是以阅读全集为主的阅读教育是很难持续下去的。阅读全集从本质上来说就是学习知识，这就是很多一直阅读这些图书全集的孩子在小学三四年级突然放弃阅读的原因。因为在学校和课外辅导班已经学了很多知识，他们觉得没有必要再读这些书来继续学了，毕竟谁都不想每天除了学习还是学习，对吧？

孩子们虽然觉得故事书有趣，但是不能从中获得知识，所以认为不需要读，另外比故事书有趣的东西还有很多，没必要非读故事书。如果父母强制自己读书，就走马观花地读一遍。有时候即使父母不强制，为了不让父母唠叨，自己也会读，但是实际效果与不读也没有什么区别。

父母也同样很难。孩子的年级越来越高，书却越读越少，阅读教育变得越来越难以为继。让他读故事书吧，因为不能获取知识，感觉没必要；读知识类图书吧，孩子比较抵触，费了很大精力却收获甚微。因此，很多父母只好选择让孩子读知识类漫画。从“读书等于学习”这个观点来看，知识类漫画确实比一般的知识类图书好，因为孩子既能兴致勃勃地读下去，读完还能记住一些专业术语，好像变得更聪明了。

知识类漫画正是出版社为了同时满足希望孩子读书的父母和不喜欢读书的孩子的需求而设计的图书品类，可是对孩子来说，它就像一杯甜蜜的“毒药”。因为孩子一旦开始依赖知识类漫画，他成为优秀阅读者的希望就基本破灭了。

虽然孩子通过知识类漫画能够学到浅显的知识，但是并不懂得其中的道理，可他们却认为自己什么都懂了，因此内心会变得傲慢，好奇心也会消失。随着好奇心的消失，孩子也会失去阅读知识类图书的兴趣。另外，沉浸于知识类漫画的孩子会觉得阅读文字很困难。好奇心消失再加上阅读文字困难，这就意味着孩子的阅读生涯已经提前结束了。

并不是所有失败的阅读教育都遵循同样的路径，但是失败的原因大同小异。阅读教育的最终目的是把孩子培养成热爱读书的优秀阅读者。阅读教育要想取得成功，以下两条原则缺一不可。

第一条原则是培养阅读兴趣。要抛弃从书籍中获取知识的想法，如果总是抱着这种想法，读书就会变成学习，阅读教育也就走向了末路。阅读教育的第一步就是培养孩子对阅读的兴趣，并让孩子根据自己的兴趣去选择图书。

第二条原则是树立读书最重要的观念。要把读书放在最重要的位置，即放在比学知识更重要的位置上。大家都说学习语言要从小开始，但是即使让孩子从小就开始学习英语，也无法达到母语的程度。英语毕竟是外语，是不可能像母语一样自然而然学会的，而只要具备了平均以上水平的学习头脑，即使从小学高年级或初中开始学习英语也不晚。数学也是一样，没必要花钱花时间去上课外辅导班。如果实在担心孩子学不好，给他买一本数学练习题来做就足够了。

父母要经常带孩子去图书馆，既可以在图书馆里读书，也可以借书回来读。父母可以参与选书的过程，但是一定要放弃通过读书让孩子学习知识的想法，并根据孩子的兴趣来选择书籍。最好一次性挑选几本不同类型的图书，这样一周的阅读量就足够了。当孩子发现自己非常喜欢的书时，父母可以带他去书店买下这本书，这样孩子可能会一遍又一遍地阅读，直到滚瓜烂熟为止。

❖ 独立阅读的第一阶段——多读内容简单的书

前面讲过，小学期间孩子会经历三次阅读危机，第一次危机是从图画书过渡到简单文字书的时候，第二次危机是从简单文字书过渡到低难度文字书的时候，而第三次危机则是从低难度文字书过渡到高难度文字书的时候。其中最难克服的是从图画书过渡到简单文字书的第一次危机。阅读大量简单文字书自然就可以阅读低难度文字书，阅读大量低难度文字书同样可以顺利过渡到阅读高难度文字书，但是阅读大量图画书并不意味着就可以阅读简单的文字书，因为文字书和图画书是两种完全不同类型的书。

与图画书相比，小学二三年级的文字书图画很少，且字体小，文字多。如果孩子能够顺利达到独立阅读的阶段，那自然是幸运的，如果不能自然过渡，则会令家长感到头疼。一般来说，小学二三年级的孩子应该可以自己读书了，但是有些孩子却做不到独立阅读，或者翻几页就不读了，结果家长还是不得不读给孩子听。于是家长开始担心，照这样下去，孩子什么时候才能学会独立阅读呢？

要想学会独立阅读，小学一年级很重要。受到“图画书是学龄前儿童读的”这一固有观念的影响，很多小学一年级学生的家长都希望自己的孩子一上小学就开始读文字书。事实上，这种观念本身并没有错，只不过需要考虑到小学一年级的孩子刚开始独立阅读，大脑掌管阅读的基本机制还没有实现自动化，读文字书对他们来说可能是一件很痛苦的事情。

因此，这一时期要讲究循序渐进，可以先让孩子读自己熟悉的图画书，即使是读了很多遍，内容早已烂熟于心的书也没关系。然后再慢慢过渡到阅读非常简短的文字书，只要能保持适当的阅读量即可。

当然，每个孩子的情况都不同。总体来说，独立阅读 30 分钟到 1 小时是比较合适的。这样读一两个月以后，孩子就可以实现阅读机制的自动化，但这并不意味着孩子可以马上开始阅读正式的文字书了，此时最好还是以阅读图画书为主，等积累一定的阅读量后，再过渡到文字书。简单轻松的图画书能够提升孩子的阅读信心，而通过阅读图画书积累的经验，也能为以后阅读文字书打下坚实的基础。

小学一年级是孩子形成阅读机制自动化的关键时期，因此通过独立阅读训练，把“文字转换为声音—声音转化为词义—连接词义理解句子含义—联系上下文把握文章主旨”这四个阶段转化为一系列自然流程，是这一时期阅读教育的重中之重。而阅读简单熟悉的图画书来积累阅读量是实现这一目标的最佳办法。有些家长担心孩子一直读图画书，就无法学会读文字书。其实，这种担忧是多余的，图画书中也有文字，只要孩子积累一定的阅读量，自然会过渡到阅读文字书。

如果孩子到了二三年级，仍然不能很好地阅读文字书，父母就可以采用前面提到的方法，即给孩子阅读书的开始部分。每天给孩子读 10~20 分钟，不管读了多少，时间一到就立即停下，第二天再读另外一本书。这样每天给孩子读一部分书，久而久之，孩子就会发生巨大的变化，他会尝试自己阅读，甚至会央求父母给他买书。和日本倡导的 10 分钟晨读运动一样，每天阅读 10 分钟并不意味着每天就只读 10 分钟，因为孩子会好奇后面的内容，所以在课余时间也可能会拿起书来继续阅读。

一般来说，这种带领孩子阅读的过程不需要太长时间，少则领读三四本书，多则领读 10 本书，孩子就可以实现独立阅读。二三年级的孩子之所以不能实现独立阅读，很大一部分原因是心理障碍，觉得文字书又难又长。等到独自读完书的后半部分，就会发现它其实没有想象中那么难。孩子一旦克服了心理障碍，自然就可以独立阅读了。

❖ 速读为什么不好？

如果孩子能够顺利地阅读小学二三年级水平的文字书，就意味着已经基本实现了独立阅读，此后唯一的任务就是不间断地阅读，每周至少要读一两本书，这样就可以收到极好的效果。一周读一本，一年就是52本，读书量自然不成问题。

问题在于怎样读这52本书。阅读质量高的孩子通过阅读52本书，就可以达到高于自己年龄的语言水平；而阅读质量低的孩子莫说读52本，即使读一两百本都难以取得显著的效果。

阅读质量的高低，很大程度上取决于阅读习惯的好坏。不良的阅读习惯会让阅读变得毫无意义，而在所有不良的阅读习惯中，速读是危害最大的。可以说，孩子学会独立阅读后，决定阅读教育成败的关键就在于能否避免速读，因为孩子非常容易陷入速读的陷阱，而且很难走出来。

曾几何时，速读作为天才读书法风靡一时，受到人们的追捧。有的读书神童在电视节目中展示出快如闪电的阅读速度，有的“天才”自称有照相机一样的记忆力，读书如同照相，几秒看完一页，而且能够说出某句话在第几行。更让人痴迷的是，这种天才般的速读能力是可以后天培养的，因此速读成了很多立志读书的孩子们的目标。如果300页的书用10分钟的时间看完，并记住全部内容，那学习会变得多么轻松啊。

事实真的如此吗？虽然没有准确的统计和研究结果，但作为一名阅读教育工作者，我可以负责地告诉大家，这些速读天才在考试和社会生活中是无法取得令人瞩目的成就的。没有任何证据表明，速读可以提高学习成绩，相反，速读的危害性却不胜枚举。

提到天才，大家通常认为他们是超出常人的存在。他们可以在瞬间心算出非常复杂的计算题，也可以在几秒之内读完一页书。这些都表明他们的智力远超普通人，但是纵观历史我们发现，具备这些能力的人在生活中并没有取得高于常人的成就。

诺贝尔奖获得者的平均 IQ 是 127。被认为是天才中的天才的理查德·费曼的 IQ 不过 126，发现了 DNA 结构的詹姆斯·沃森的 IQ 是 124。考虑到大脑神经的可塑性，通过读书和学习是可以把 IQ 提高 10~20 分的，也就是说，这些在学术界取得巨大成就的人中，大多数天生的 IQ 仅为 100 左右，属于很普通的水平。全球的领导人中也很难找到具备超高智商、几秒就能读一页书的天才。

其实道理很简单，几秒钟读一页书的能力是很惊人，但就读书效果而言，这却是质量很低的阅读。图书是思考的工具，书中蕴含着作者缜密的思考，而读者不仅要领会作者的观点，还要加入自己的思考，思考越深入，情感越丰富，读者的收获就会越大。几秒钟读一页书是不可能进行这种感性和理性的思考的，因此也无法领会书的内涵，更无法与书中的人物产生共鸣。信息可以进行高速处理，但情感共鸣和理性思考是不能被高速处理的，我认为这正是拥有速读能力的人无法取得更大成功的原因。图书是进步的阶梯，而具有像照相机一样的记忆天赋的人却很难通过读书来实现个人成长，究其原因，正是由于其拥有卓越的记忆力，容易养成速读的习惯。也就是说，速读是妨碍阅读教育的“罪魁祸首”，努力练习速读就如同努力吸取别人错误阅读方式的弊端，结果只能是得不偿失。

孩子养成速读习惯的原因主要有三个：第一个原因是被迫读自己不感兴趣的书，也许是由于父母强制，也许是由于老师要求，一直读自己不喜欢的书，孩子读书的速度就会越来越快。不感兴趣就意味着漠不关心，在翻看一本自己漠不关心的书时，谁能一句一句地细细品读呢？如果一本书自己不喜欢读却必须要读完，最好的办法就是赶紧快速读完。第二个原因是花在私立教育上的时间太多，每天的日程都排得满满的。为了挤出一点儿玩的时间，孩子只好削减读书时间，因此就养成了速读的习惯。第三个原因是以速读为傲，认为速读是一种能力，读得越快就越聪明，因此刻意培养速读的习惯。

速读就像做俯卧撑时不弯曲手臂，只有臀部一上一下活动一样，看上去是在卖力运动，实际上并没有任何效果。当然我也有速读的时候，比如阅读产品使用说明、阅读事实性新闻，或者浏览报纸标题等，这些情况下只需要快速获取所需信息即可，因此我会使用速读的技巧。有些所谓的阅读教育专家会将图书分为可以速读和不可以速读两类，在我看来，可以速读的书还不如不读，以免浪费宝贵的时间，因为这样的书还没有家电使用说明书有价值。

父母要保障孩子拥有充足的阅读时间，并鼓励孩子慢慢阅读，认真思考，只有这样孩子才能拥有学习型头脑，才能体会阅读的乐趣。一定要告诉孩子，读书并不是越快越好，阅读的速度最快也不能超过出声朗读的速度，最好的阅读方式就是一边读一边深入思考。只要反复跟孩子强调上面几点，就可以防止其掉进速读的陷阱。

❖ 独立阅读的第二阶段——自己选择图书

孩子能够阅读和理解小学低年级的图书，并不意味着他已经完全实现了独立阅读。事实上，很多拥有独立阅读能力的小学生都会逐渐跟书籍越走越远，甚至升到高年级后根本就不再读书。因此，要想让孩子完全实现独立阅读，除了要拥有一定的阅读理解能力，还要保持长期的阅读习惯。想要让孩子长期保持阅读习惯，最重要的就是将读书融入孩子的生活，比如规定读书时间以及去图书馆或书店的时间等。与此同时，还要培养孩子挑选书籍的能力。选书能力并不是可有可无的，而是每个娴熟的阅读者所必须具备的能力。只要孩子具备了这种能力，即使父母不再监督，他也可以继续保持阅读的习惯。

培养挑选书籍的能力没有捷径，多看多选、熟能生巧是唯一的方法。父母只需要做一件事，那就是和孩子一起去图书馆，并耐心地等待。

带孩子去图书馆挑选图书的时候，父母可能会感到心烦，本来带孩子来图书馆是为了让他看书的，结果他却把时间全花在挑选图书上面，一会儿拿起这本看看，一会儿翻开那本看看，似乎光挑选图书就要花费一整天的时间。于是，父母就会忍不住替孩子挑书。“怎么还在挑？随便拿一本看吧。”当然这样会减少孩子挑选图书的时间，但是却无法锻炼孩子选书的能力。

想要成长为优秀的阅读者，浏览书架是一定要经历的过程。浏览书架的时间越短，成为优秀阅读者的可能性就越小；时间越长，成为优秀阅读者的可能性就越大。浏览书架的时候，孩子用眼睛扫过书名，看到有趣的书名就会抽出来看看封面和封底，甚至还会翻翻目录和里面的内容，如果觉得没意思就会重新放回书架。孩子穿梭在书架间，不断重复着这样的行为，直到发现感兴趣的书。在这个过程中，重要的不是孩子最后选择的那本书，而是抽出来又放回去的那些书以及用眼睛扫过的那些书。通过浏览这些书，孩子了解了书籍类型的多样性，下次再来的时候也会对这些书更加熟悉。如果孩子一周去两三次图书馆，且每次都逛几圈书架，那么他就会对图书馆的藏书情况有大体的了解，知道科学类书架上藏有哪些书籍，童话类书架上藏有哪些书籍。孩子头脑中的书单越长，想要阅读的书就会越多，再加上浏览和选择过很多书，他选择好书的概率就会更高。有些图书孩子在最初浏览的时候可能没什么兴趣，某天却可能突然想读一读。另外，在学习过程中，孩子也可能会想起曾经浏览过的相关图书。

浏览书架是孩子亲近图书的最直接方法，就像不逛服装店就无法培养搭配服饰的眼光一样，不逛书架就无法培养出选书的能力。因此，父母要尽量多带孩子去图书馆，让孩子自己选择图书。即使花费很长时间也不要烦躁，因为孩子并不是在浪费时间，而是在培养挑选图书的能力。阅读自己喜欢的书既能让孩子感受到阅读的乐趣，又能丰富孩子的阅读量。随着阅读量的不断增加，孩子会充满成就感，并隐约感到自己正在成长为娴熟的阅读者。

随着阅读能力的提升，孩子的阅读兴趣也会逐渐扩展。再加上经常逛图书馆，对于平时不感兴趣的书籍也会有所接触，接触的次数多了，反感就会慢慢消失。突然有一天，孩子会发现自己对以前根本不会去读的书籍也产生了阅读兴趣，这时父母的任务就算完成了。后面只需给孩子办个借书证，并给他充足的时间去自由翱翔在图书的世界里，实现真正的独立阅读。

❖ 毁掉独立阅读的罪魁祸首

智能手机改变了我们生活和学习的方方面面，其中最大的一个变化就是孩子们的语言能力越来越差了。十几年前我刚开始教学生涯的时候，孩子们的语言能力也不是很高，那时候也有很多孩子不读书，语言能力也没有达到自己年龄应该具备的水平。

可更为严峻的是从那时至今，孩子们的语言能力整体呈现下降趋势。与五六年前的初中一年级学生相比，三四年前的初中一年级学生的语言能力更低，而现在初中一年级学生的语言能力则又低于三四年前的初中一年级学生。我教过的学生数量有限，也许不该这样断言，但我认为这基本符合现实。全部年龄段的孩子的语言能力测试分数呈现明显的下降趋势，有阅读障碍的孩子大幅增加，不会写作文的孩子数量激增，相当多的孩子沉迷于智能手机，儿童和青少年图书的销量锐减，这些都为上面的判断提供了佐证。虽然每个孩子的情况不尽相同，但是现在小学低年级孩子的语言水平非常令人担忧，不能达到自己年龄应有水平的孩子数量非常多。如果我们继续放任这种下降趋势，那么在不久的将来，找到一位具备合格语言能力的孩子将会像大海捞针一样困难。

另外，与女孩相比，男孩的语言能力下降趋势更加明显。不同性别间的语言能力差距也表现在学习成绩上。2014 年韩国教育课程评价院公布的学习成绩评价结果显示，自 2010 年起，女生一直保持着高于男生的成绩，尤其是语文和英语两门课程，初中三年级女生的语文平均成绩高于男生近 10 分，英语也高出 8 分左右。

学校经常把成绩的差距归因于男生不良的学习态度，其实这只是表面现象而已。由于男孩子精力旺盛，对他们来说，老老实实坐着听讲是一种巨大的折磨。所以一直以来，男生的学习态度都不如女生，但是男女学生的成绩也从未出现过如此大的差距。那么导致最近十几年间两者成绩出现巨大差距的原因是什么呢？ iPhone 问世于 2007 年，孩子们开始沉迷于电脑游戏和手机游戏是在 2010 年左右，我认为男生成绩的大幅度下滑与智能手机或电脑游戏有着密切的关系，因为男生比女生沉迷手机和电脑游戏的程度更深。

电脑游戏和智能手机造成孩子语言能力下降的原因主要有两点：第一是电脑游戏对大脑具有很大的危害性。《游戏脑的恐怖》一书通过大量图表和实验结果全面展示了电脑游戏可能对大脑造成的严重后果。为了研究电脑游戏对大脑造成的影响，研究人员进行了简单的实验。他们观测了400名学生的脑电波，结果显示，每天玩两个小时游戏、每周玩四天以上的学生的脑电波与其他学生相比出现了明显的不同。他们大脑中与学习等任务相关的贝塔波明显减少，而与休息有关的阿尔法波也出现了不稳定现象。也就是说，玩游戏多的学生大脑中负责高度智能活动的前头叶不太活跃，这种类型的脑电波与阿尔茨海默症患者的脑电波类似。

更可怕的是，这种现象并不是暂时的，而是由大脑的生理变化引起的。反复持续地玩电脑游戏，会使大脑神经回路按照游戏所需进行重排，从而使前头叶陷入无法活跃的状态，大脑的神经可塑性也向着不良方向发展。换句话说，受到游戏影响而发育不良的大脑很难恢复到原来的状态，因为大脑的神经回路已经发生了生理变化。我认为，韩国男学生的语言能力下降与上面的游戏头脑理论不无关系。事实上，即使从常识的角度考虑，我们也能够知道，将大部分课余时间花在玩游戏上的孩子很难获得智力和精神的成长。

电脑游戏和智能手机造成孩子语言能力下降的第二个原因是它们可以像黑洞一样吸走孩子的课余时间。韩国小学生的手机持有率为77%，初中生则超过了95%。韩国学生智能手机的持有率如此之高有很多原因，其中最有代表性的一个原因就是父母将其作为孩子去上各种辅导班的补偿或奖励。在孩子看来，自己天天上辅导班，学习如此努力，父母应该给我买手机，而父母则觉得孩子每天学习，几乎没有时间玩，给他买个手机至少还能玩玩游戏。

从阅读教育的层面来看，私立教育和智能手机是最差的组合，平时因为学习紧张，根本没时间读书，周末还要花很多时间上辅导班，而仅剩的一点儿课余时间也全部被手机和电脑游戏占用了。孩子不要说读书了，连基本的思考时间都没有。

智能手机不仅会影响孩子的大脑发育，而且还会占用他全部的课余时间，使其没有时间读书和思考，从而导致孩子的语言和思考能力低下。智能手机和电脑游戏玩得越早，孩子的问题就越严重。这样的孩子升入初中以后成绩会大幅下滑，因为语言能力低下，再加上没有养成深入思考的习惯，孩子是不可能学习好的。可是父母却看不到这些深层原因，他们只会将其归咎于孩子没有好好学习。作为对孩子成绩下降的惩罚，他们禁止孩子使用手机和电脑，结果平时一向听话的孩子一听到这些，立即强烈反抗，甚至对父母大发雷霆。

我问过许多孩子为什么会对父母大发雷霆，得到的答案都大致相同。有些孩子觉得父母要求的事情他们都做了，理所应当可以使用手机；有些孩子是因为对成绩下降感到失望和愤怒；有些孩子则是对不能使用手机和玩电脑游戏感到绝望。在这三个原因中，最后一个原因占比最多，这说明孩子们已经沉迷于电脑游戏和智能手机了。

如今手机已经成为人们的生活必需品，没有手机就无法跟朋友交流，因此不可能让孩子永远没有手机，但是我们也不能让孩子在很小年龄就开始玩手机和电脑游戏，年龄越小越容易上瘾，危害也越严重。如果孩子在没有发现其他乐趣前就沉迷于手机和电脑游戏，那这些设备就会成为孩子唯一的乐趣来源。据说比尔·盖茨的原则是孩子们在14岁前不能拥有手机。虽然我们不能让孩子永远远离手机和电脑游戏，但却可以尽可能将时间延后。只要培养出其他兴趣，孩子就不会轻易沉迷于手机和电脑游戏了。

干扰孩子独立阅读的因素

真正的独立阅读是沉浸在阅读乐趣中的主动阅读，孩子能不能感受到阅读乐趣才是关键。如果孩子能够充分体验到阅读乐趣，即使不用父母督促，他也会主动阅读。可是我们周围总是有太多因素阻碍孩子去享受读书的乐趣。

图书全集

图书全集本身并没有问题，问题在于父母没有考虑孩子的阅读兴趣，就一口气买下好多本书，这样读书就变成了一种任务。如果父母总是怀有偏执心理，一味地强迫孩子阅读某些知识全集，那么阅读教育肯定会走向失败。

知识类漫画

如果孩子阅读的图书中知识类漫画只占五分之一，且能够一直保持这个比例，那当然不会出现太大的问题。但很多时候，孩子只要开始阅读知识类漫画，这类书在阅读书单上的比例就会逐渐增加，以至于到最后孩子读的大部分书都是知识类漫画。阅读知识类漫画除了能获得一点儿肤浅的知识外，不仅不能提升孩子的语言能力，反而还会阻碍孩子进行深度思考。这样的知识类漫画真的有必要读吗?

速读

在培养孩子独立阅读的过程中，最需要注意的问题就是速读。一旦孩子养成速读的习惯，阅读教育便会陷入巨大的危机，无论孩子再读多少本书，都很难看到效果。所以父母一定要向孩子反复强调，速读是非常不好的阅读习惯。

课外辅导班

课外辅导班的作用在小学低年级时最明显，随着年级的升高，它会变得越来越没有效果。孩子在进入初中二年级后，上课外辅导班已经基本没有意义，这时孩子的学习能力主要取决于其阅读理解能力。因此，不要把课余时间都花费在课外辅导班上，而应该把时间投资在阅读上。

智能手机

孩子不可能永远不使用智能手机，因此有些父母认为，与其孩子升入中学以后每天埋头玩手机，不如让孩子从小就经历这个时期。可事实上，从小就开始玩手机的孩子，长大后会陷得更深，所以父母应该尽量将孩子接触手机的时间点往后推迟。

学习型头脑读书法 7：实现独立阅读的基础阅读法

（适用对象：小学一二年级学生）

小学一二年级是实现独立阅读的重要时期。实际上，独立阅读的培养从学龄前父母给孩子读书时就已经开始了。尽管每个孩子的情况不同，但一般来说，独立阅读的过程会经历三个阶段：学龄前时期（父母给孩子读绘本）、小学一年级（父母领读前面，自己阅读后面）、小学二年级（自己独立阅读）。如果每个阶段都能充分训练，孩子便可以轻松实现独立阅读。

分阶段培养独立阅读的方法

学龄前时期：父母给孩子读绘本	父母每天至少花 15 分钟给孩子读绘本，读的时候要声情并茂，让孩子亲近图书，但也不要勉强其听自己不感兴趣的内容。
一年级：父母领读前面，自己阅读后面	父母领读和孩子独立阅读并行。父母领读一部分内容，待引起孩子的阅读兴趣之后，再让其独立阅读后面的部分。
每周带孩子去一次图书馆或书店	为了让阅读融入孩子的生活，父母要经常带孩子去图书馆或书店浏览，培养其独立选书的能力。
二年级：独立阅读	孩子可以尝试独立阅读小学低年级图书。

父母读书 ····> 孩子独立阅读

↓

学龄前时期是培养孩子独立阅读的初始阶段，父母要坚持每天给孩子读书；小学一年级是为独立阅读做准备的时期，因此父母给孩子读书和孩子独立阅读要同时进行。

↓

即使孩子开始独立阅读，父母也要时刻关注他的阅读情况，多和他讨论书的内容。

第八章

如何从容面对不断改革的高考制度？

* 想要逃离学习的高中生
* 成绩下滑者的三种类型
* 校内考试成绩和高考成绩为什么不联动？
* 学生簿综合评价制度的本质
* 应对入学考试制度的最佳方法

阅读能力在韩国现行高考制度中的重要性

学习型头脑读书法 8： 快速提升高考成绩的训练法

❖ 想要逃离学习的高中生

敏善是个成绩优秀的学生，正在认真地备考重点高中。初中三年，她的平均成绩在 95 分以上，从语文、数学、英语，到艺术、体育等科目都取得了近乎完美的成绩。她来找我是在初三寒假，目标是提前准备学生簿中的读书履历和高考论述考试①。我用由高考语文试卷改编的语言能力测试题对她进行了测试，最终分数是 72 分。考虑到她基本没有课外阅读的习惯，这已经是很高的分数了。由于她的基础很扎实，我认为只要她在寒假期间努力阅读，应该会取得很大进步。

然而等到正式开始上课以后，她的情况却跟我预想的很不一样。以她的语言能力，很多书读起来应该不成问题，可她总是马马虎虎地读完就来上课，理由是要做的事情太多，没有时间读书。敏善每天都看起来很疲倦，也很敏感，虽然当时还没有上高中，但她好像压力很大。后来高中开学，她的状态就更差了，经常不来上课，尽管我知道她的学习任务很重，但她逃课的真正原因是内心缺乏阅读的动力。

结果到了高一期中考试的时候，敏善考得一塌糊涂，全校第 80 名，社会、科学等科目只考了 60 多分。面对这样的成绩，

① 韩国高考没有专门的作文考试，取而代之的是一种“论述考试”，由学生报考的大学拟定试题。

她全家都炸锅了。考试结束两周后，敏善才来找我。我本以为她会心有不甘，结果她却表现得十分坦然，好像已经接受了现实。“我也不知道为什么，就是感觉学习太难了。”

敏善一直以来都是个非常优秀的学生，如今却轻易地缴械投降了。

初中一年级出现第一巨变期的原因比较明确，是因为初中教材的语言水平高于孩子的语言能力，所以孩子的成绩会大幅下滑。但是高中一年级出现第二巨变期的原因则更加复杂，不仅是语言能力，精神状态、学习技巧等多种因素都可能对成绩产生影响，从而导致成绩发生巨大的变化。夸张点儿说，这就好像一切又重新回到了起点。在第二巨变期，对成绩影响最大的要素是孩子的精神状态。

高中生会感受到前所未有的压力，高考的压力、与同学竞争的压力、繁重的课业压力等都压得孩子喘不过来气。如果说初中是父母为孩子担忧焦虑的时期，那么高中则是孩子自己心急如焚的时期。想要静下心来学习，就需要克服巨大的压力，因此只有抗压能力强的孩子才能迎难而上，抗压能力弱的孩子则会消极地逃避一切。

当然，逃避的方式会因人而异。有的孩子只是学习不努力，而有的孩子则会完全放弃学习。这些选择逃避的孩子根本不会认为自己正在逃避，因为人只有肯定自己时才能继续走下去，而一旦承认自己正在逃避，就很难再肯定自己了。

❖ 成绩下滑者的三种类型

最常见的是“依旧初中生”型。一般来说，进入高中前，孩子会进行自我心理调整。高中三年的成绩与大学入学直接挂钩，如果说以前是悠然自得的练习阶段，那么从现在开始则是要使出全部力气跑出最好成绩的决赛阶段了。因此，孩子们需要意识到从现在开始，学习强度会上一个新台阶，但是“依旧初中生”类型的孩子没有进行这样的心理建设，学习态度自然也不会发生改变。

他们和初中时一样，往来于学校和课外辅导班之间，看电视，玩游戏，平时不自学，也不制订学习计划。唯一的区别就是初中时准备考试需要两三周，升入高中后准备考试需要四五周。等到备考的时候，他们发现高中的学习难度和学习量是初中无法比拟的，自己根本应付不来，于是只好稀里糊涂地参加考试，成绩自然也不会很理想。对于这种类型的学生而言，问题不在于成绩下降多少，而在于成绩下降后的反应。如果遭到打击后能够认清现实，积极寻找解决方法，那一切都还不晚。但是很多孩子在成绩下降后变得一蹶不振，自暴自弃。他们打心底认为“高中太难了，我就是不行”。仅仅过了三四个月，立志考入名牌大学的孩子便开始考虑自己能考上哪个地方院校，因为他们不觉得自己的成绩是可以提高的。

和这些孩子面谈后，我很快就发现了问题的关键，他们认为自己已经拼尽全力。“在学校和课外辅导班我都认真听讲，作业也都按时完成，考试前四五周天天熬夜复习，我还要怎么努力呢？我又不是学习机器。”其实孩子们这样想也并非毫无根据。他们从小学开始，一直以来都是以听讲的方式进行学习的。在他们看来，所谓学习就是听老师讲课，然后理解记忆，储存在大脑里。实际上，这是对学习的错误认识。前面我们说过，这种学习方式的效率很低，采用这种学习方式是无法应对高中课程的。与之前的课程相比，高中课程难度高，学习量大，但是他们却只会这一种学习方式，因此尽管拼命学习却没有效果。无奈之下，他们就会认为成绩下滑不是自己的责任，因为自己已经尽了最大努力。如果不是自身的问题，那么是谁的问题呢？自然是学校和辅导班老师的问题了。因此这种类型的学生经常说“老师讲得不好”“那个老师的讲课方式不适合我”，把成绩下滑的责任推给老师，甚至有的孩子把责任归咎于父母，埋怨他们负担不起更好的辅导班费用。

他们虽然身体已经发育得接近成人，但是想法却跟小学生没什么区别。高中生应该清楚，自己要对考试成绩负责，即使老师教得不好，也只不过是影响自己学习成绩众多变量中的一个而已。问题是需要自己去解决的，这些孩子最大的问题就在于心理不成熟，无法进行理性思考。

当然，孩子不成熟并不是他一个人的问题，他的这种思考方式是在整个教育过程中习得的。从A英语辅导班转去口碑更好的B英语学校，从C数学班转到更知名的D数学班。孩子一直经历这样的学习过程，自然而然就会形成这种思考方式。我的英语和数学成绩不好不是我的问题，是英语老师和数学老师的问题。如果不做改变，这种思考方式会伴随他们一生。

这类孩子的核心问题是学习方式和思考方式存在缺陷，这些不是老师能够教出来的，而是需要自己在学习过程中不断摸索和领悟，这就需要孩子具备比较成熟的心理。素质教育所培养的并不只有良好的道德、丰富的学识和健康的身体，还有成熟的心理。心理不成熟的人最终会一事无成。

第二种类型是“追寻梦想”型。忽然有一天，孩子要立志成为演员、歌手、职业游戏玩家、漫画作家，这样的孩子比想象中要多得多。这种类型比前一种类型要复杂，并不能单用心理不成熟来分析，因为他们的梦想中毕竟也掺杂着理性思考。

韩国教育从根本上说属于应试教育。残酷的社会把孩子们从小就赶上学习的跑道，学习成绩成为判断所有孩子的唯一标准。这就像让草原上的大象、猴子、狮子、斑马等各种动物一起赛跑，然后给跑得最快的动物颁奖一样，很显然是一种不合理的游戏。

当然，人类要做的大部分事情都需要智力，以智力水平来判断个人能力的职业有很多，因此所有孩子都需要接受教育，正如所有动物都需要有基本的体力。可问题在于学习成绩与智力水平之间存在差异以及我们对学习成绩的过度强调。在这样的教育环境中，孩子根本没有余力去思考自己是兔子还是狮子。

认识自己是一个永恒的话题，它要比你想象得更难，也更重要。心理学家将这种能力称为“自我认知智能”。缺乏自我认知智能的人无法看清自己的长处，因此也就无法选择自己的前途，因为不知道自己喜欢什么，所以常会选择不适合自己的事情和不适合自己的方法。

认真做过自我分析的孩子能有多少呢？能够通过日记表达自己的情感，能够清楚地说出自己喜欢和不喜欢什么，擅长和不擅长什么的孩子又有多少呢？

我们的孩子在毫无升学压力的环境中度过了小学和初中，忽然某一天成了高中生，这时才猛然意识到三年后就要决定自己去哪所大学，大学毕业以后还要决定去哪里就业，难免有些茫然无措。因为“自我认知智能”不是一瞬间就能形成的，在短时间内让孩子明确自己的梦想也是有一定难度的。这时，有些孩子便会在慌乱中轻易设定自己的梦想，然后某一天突然又开始怀疑那些所谓医生、律师、科学家、外交官等到底是不是自己真正的梦想。

日益繁重的高中学业、对竞争的畏惧心理以及即将面临的升学压力，都会放大这种怀疑。在自我怀疑的情绪下，寻找梦想的紧迫感和逃离现行入学考试制度的心态会让孩子匆忙下定结论，得出“我的梦想是演员”这种与成绩无关的梦想，将小时候憧憬的生活，匆匆忙忙定义为自己的梦想。由于缺乏自我认知智能，这些孩子并不会觉得这是他们匆忙做出的选择，而会坚信这是自己真正的梦想。

接下来他们开始说服父母。如果父母态度强硬，就会引发家庭矛盾；如果父母被说服，他们则开始实施自己的想法，上表演学校、音乐辅导班或者美术学院。在我看来，这些孩子不管朝哪个方向发展，都很难取得成功。倘若父母强烈反对，就会激化家庭矛盾，导致孩子的成绩一落千丈。孩子会认为父母剥夺了他的梦想，感觉自己是受害者，从而陷入颓废状态。即使父母顺从了孩子的意愿，结果也会一样。孩子很快就会意识到自己的梦想很难实现，尝试一下就会知道当演员和歌手并不容易。像这种突然决定的梦想，长则一年，短则一学期，孩子就会自动放弃，可是此时他的成绩已经下滑很多了。值得庆幸的是，很多孩子在中途放弃后，还能重新调整状态，埋头学习。

第三种类型是“自暴自弃”型，这种类型的人数仅次于第一种类型。升入高中一年级，有些孩子连课间都在学习，可以说是意志坚定，分秒必争，可第一次考试还是考得很差，这是因为他们没有具备高中课程学习所需的语言能力，因此他们越努力，所感受到的失败感和挫折感也越强烈。这样的挫折感容易让他们产生“我就是不行”的想法，从而失去学习的动力。因此，这种类型的学生往往在升入高二后就基本放弃了学习，当然也不是完全不学习，而是不再努力学习，一心想着随便考个大学就行了。

以上我们分析了三种常见的高中成绩下滑者类型。当然，除此之外还有很多其他类型，但是大部分学生成绩下降的原因都与上述三种类型相似：心理不成熟，对竞争充满恐惧，缺乏学习动力。前面我一直主张的是阅读教育，但这里不得不暂时聊一下读书和心理的关系。

跟身体一样，心理状态也是天生的，有的孩子性格乐观开朗，有的孩子则敏感内向，但这种性格差异与能否承受高中课程的学习压力无关，成熟的心理素质和理性思考的能力才是孩子取得学业成功的关键要素。

我们经常认为青春期是脾气暴躁的孩子反抗父母的时期，

但其实这是孩子心理迅速成熟的重要时期。随着身体逐渐走向成熟，心理也渴望成熟，世界观、价值观和独立意识都在这一时期开始形成。怎样度过青春期，决定着孩子是成长为身心全面成熟的成年人，还是成为只有身体成熟的大孩子。如果不能很好地度过青春期，孩子就会肆意宣泄自己的情绪，有时只因父母的一句话便会大发雷霆，摔门而去。孩子并不清楚自己愤怒的真正原因，貌似是因为父母的一句话，实则是因为在学校发生的不快或学习压力，甚至只是因为自己心情不好。

没有很好度过青春期的孩子的另一个特点是认为自己无所不知。“爸爸妈妈懂什么？”成了他们的口头禅，因为认为自己无所不知，坚信自己浅薄的想法是正确的，所以青春期的孩子总会表现出特有的固执，像小孩子一样无法从幼稚的思考方式中走出来。相反，如果孩子能够很好地度过青春期，就会认真思考自己为什么对父母发火，思考为什么以前觉得父母的唠叨并无不妥，现在却无法忍受。经过思考，孩子就会发现自己并不是按照自己的想法而是按照别人的想法在生活，虽然身体已经长成了大人，但是却仍然像小学生一样处处受到管制。找到自己愤怒的真正原因后，就会思考为什么学校逼得我喘不过气，为什么父母对我百般干涉，然后判断以自己的能力可以改变什么，不可以改变什么，最后发现自己其实是在和生活较劲，而爸爸妈妈也同样挣扎在各自的境况中。通过这个过程，孩子会发现自己既是独特的个体，同时也是芸芸众生中的普通一员，进而客观地认识自己。

如果孩子能够客观地认识自己，就会更好地理解自己，并进一步渴望去理解他人。在这种动力的驱使下，他就会开始阅读，希望从书中找到答案。很多孩子在进入青春期后开始如饥似渴地阅读科学和哲学著作，原因就在于此。这些孩子知道世界上有很多人比自己优秀，自己需要向别人学习。

那些没有很好度过青春期的孩子进入高一以后，因为缺乏成熟的心理素质和理性思考的能力，他们会把高考看作是非常难的事情，因此感到恐惧，并以消极逃避的心态来对待学习；而那些很好地度过青春期的孩子则会清醒地认识到，高考虽然在某种层面上来说并不合理，却是人生中不可回避的关隘，因此他们会接受现实，树立目标，并努力找到实现目标的方法。

语言能力的作用不仅体现在阅读理解能力上，而且体现在思考能力上。语言能力强的人能够进行深度思考，认清自己所处的现状，并找到合理的解决方法。可以说，只有语言能力强的孩子才可能很好地度过青春期。同时，语言能力也是实现既定目标的强劲引擎，语言能力强的孩子不会说“我努力了，可就是不行”，他们知道只要肯努力，就一定没问题。

第二巨变期的混乱源于各种复杂的心理因素，而语言能力即使不是心理强大的必要条件，也一定是充分条件。

❖ 校内考试成绩和高考成绩为什么不联动？

韩国的大学入学制度就像是一件由许多块碎布拼凑而成的衣服，今天改这里，明天改那里，经历了无数次修改后，入学制度本身变得像学术论文一样晦涩难懂、模糊不清。入学类型多到数不过来，计算录取人数的算法复杂到需要登报解释，不要说准备入学考试了，光弄清入学考试制度就需要培训机构的老师专门开说明会进行逐条解读。

这种像微积分一样复杂严密的入学制度本应该取得良好的效果才对，但事实却并非如此，如今韩国教育已经丧失了促进社会阶层流动的作用，鸡窝里再难飞出金凤凰。

入学制度越难解读，课外培训教育就越盛行，孩子们的学业负担也就越重。韩国的高中分为特殊目的高中（即艺术高中，科技高中等）、私立高中和普通高中，在大学里，学生们甚至会幼稚地按照毕业高中的类别来拉帮结派。事实上，韩国的教育平等已经崩溃，所谓的全面教育也已经沦为笑谈。

韩国的大学入学制度多年来一直在进行各种改革，但变化本身是有方向可循的。为了帮助大家理解，下面我们来梳理一下过去三十年韩国大学入学制度的变革情况。

入学制度大概可以分为三个时期，学习能力考试时期、修学能力考试时期和学生簿综合评价时期，这样的变化并不是教育部门的随意之举，而是为了培养不同时代所需的人才。

1982 年到 1993 年实施的学习能力考试可以说是高中三年的综合校内考试，跟期中期末考试一样，出题范围是高中三年所学的内容，目的是考查学生对所学内容的掌握程度。当时韩国还是发展中国家，与科技创新相比，学习并引进先进国家的科技才是当务之急，因此需要大量能够很好掌握所学知识的人才，而当时的入学考试也很好地迎合了这一需求。

过去 30 年韩国入学考试制度的变化情况

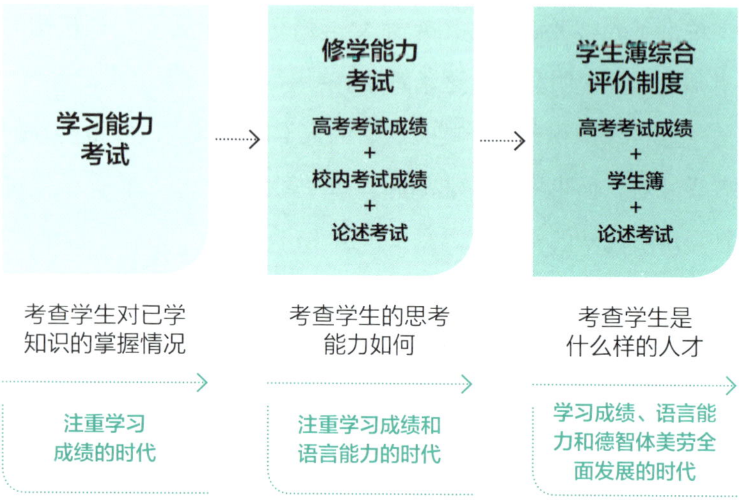

随着时代的发展，社会所需的人才也在悄然发生变化。后来，比起会学习的人才，社会更需要会思考、会学以致用的人才，因此入学考试迈入了修学能力考试时期，所谓修学能力指的是修行学问的能力。由于钻研学问的重要工具是语言，因此语言能力是修学能力考试的基础。如果说学习能力考试考查的是“学生对已学知识的掌握情况”，那么修学能力考试考查的则是“能不能通过思考解决某个问题”。当然，修学能力考试中考查了相当多高中课程内容，但是考查的方法却不同，并不是单刀直入地问你是否知道某个知识点，而是看你能否运用某个知识点解决某个问题，因此很多对教材了如指掌的孩子高考成绩一塌糊涂，而有些对教材内容不太熟悉的孩子却能考出高分。

现行的学生簿综合评价也同样是根据时代所需的人才变化应运而生的制度。现代社会所需的人才会在后文继续探讨，这里先来了解一下修学能力考试的特点。虽然学习能力考试已经不复存在，但是学生的学习能力仍然体现在校内考试成绩中。同样，虽然如今学生簿综合评价制度成了主流，但是修学能力考试所考查的思考能力依然十分重要，这一点今后也不会改变。

正常的教育应该可以实现校内考试成绩和高考成绩的联动，也就是说，校内考试成绩好的孩子高考成绩自然也会好，但是韩国教育是以私立教育为基础的，因此高考成绩和校内考试成绩经常会出现脱节，有些学生的高考成绩高于校内考试成绩，而有些学生的校内考试考试成绩很好，高考成绩却很不理想。强贤和道允就属于后者。

两个孩子是好朋友，毕业于同一所私立小学。两人从小就一直接受着良好的私立教育，初中毕业时全部科目的成绩都很优异，英语和数学成绩更是名列前茅。因为孩子们的成绩好，所以父母自然也没有担心他们的高中成绩，只有孩子在担心自己的未来。两个孩子的阅读理解能力并不强，语文成绩比其他科目要差，语言能力测试成绩也很低。初中毕业时，他们的语言能力测试成绩相当于初中二年级的平均水平，这种水平是无法顺利学习高中课程的。也就是说，他们优异的校内考试成绩是通过高水平的课外辅导维持的，如果不做改变，高考肯定会出现问题。我跟两个孩子强调了这一点，告诉他们提高语言能力的方法，并叮嘱他们一定要实践，孩子们则满怀自信地告诉我不用担心。

他们再次来找我是在高中三年级上学期。经历过第二巨变期，他们的成绩已经下滑了很多。只有一直接受课外辅导的英语和数学还保持着不错的成绩，其他科目的成绩则一落千丈，高考模拟考试的分数更是惨不忍睹，最终两个孩子的高考成绩都不理想。语文、社会、科学的考试成绩都是50~60分，平时成绩不错的英语和数学也大幅下滑，他们都没有考上自己理想的大学，从小就开始的私立教育也最终宣告失败。

平时的英语测试和高考英语试题的特点完全不同，前者只要好好理解就可以取得好成绩，但是高考英语试题即使完全理解也可能会答错，因为高考英语的问题和语文是一样的，只不过语言换成了英语而已。就像我们能读能写母语却依然会答错语文试题一样，准确理解英语题意同样无法保证能答对英语试题，因为很多问题不通过深入思考就无法回答。其他科目也都是如此，高考试题并不是理解了内容就能答对，而是需要考生具备很强的思考能力，这里所说的思考能力就是语言能力。

可以说，语文成绩是衡量高考成绩的标尺。语文成绩好的孩子，其高考成绩一般会高于校内考试成绩；相反，语文成绩差，高考成绩则会整体低于校内考试成绩。但是对很多孩子来说，提高高考语文成绩却像登天一样困难，无论是上语文辅导班，听高考语文讲座，还是花高价请家教都很难提高语文成绩。

其实只要方法正确，提高高考语文成绩并不是什么难事。本书第三章里已经讲过，只要每两周读一本书，坚持一年就可以提高语文成绩。有效的方法就摆在眼前，我们却在其他地方寻找答案，当然解决不了问题。

对学生来说，语言能力就像运动员的体力一样。无论运动员的技术多么好，内心多么强大，如果没有充沛的体力，就无法取得优异的成绩。同样，没有语言能力的支撑，学生是不可能考出好成绩的。孩子凭借着从辅导班老师那里学来的应试技巧，即使能够勉强维持校内考试的好成绩（当然这是不太可能的事情），也无法翻越高考这座大山，但是韩国的大部分孩子却都在用这种教育模式完成从小学到高中的学业。不过，只要我们把教育模式转变为阅读教育，就会出现完全不同的结果。不要忘记大部分从鸡窝里飞出来的金凤凰都是阅读达人，阅读是孩子在校内考试和高考取得优异成绩的最优途径。

❖ 学生簿综合评价制度的本质

现行入学考试制度中占比最高的是学生簿综合评价，这是一项综合评价学生成绩（包含校内考试成绩）、自我介绍和面试等学生资质的制度。我们前面已经介绍过，入学考试制度的改革是为了选拔不同时代所需的人才，那么经济已经上升到发达国家水平的韩国需要什么样的人才呢？下面我们来了解一下学生簿的要素。

当我看到这些评价要素时，自然而然就想起了史蒂夫·乔布斯和比尔·盖茨等世界知名人物，因为这些评价标准仿佛就是从他们青少年时期的经历中提炼出来的。

学生簿要素

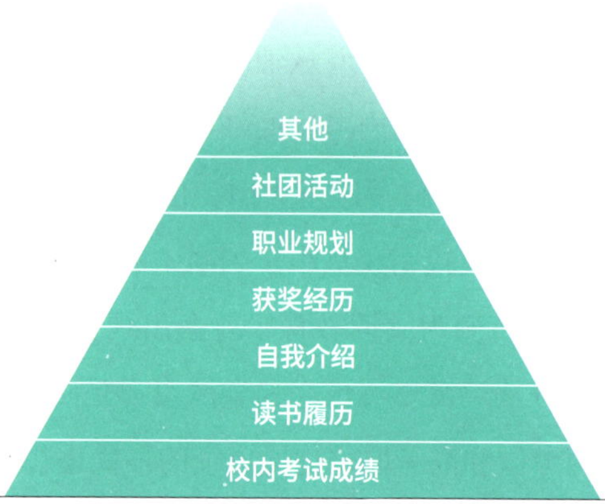

史蒂夫·乔布斯 1955—2011	世界领导者 Global Leader = Global Reader	比尔·盖茨 1955—
在一次组装频率变送器时，由于所需的零部件不足，给惠普创始人威廉·休利特打电话得到零部件。	自我介绍	从小对电脑和编程着迷，设计了多款电脑游戏。
从小对电子产品着迷，参与各种科学竞技大赛。	获奖经历	高中时开发了校内排课程序。
高中时与朋友一起发明了免费拨打长途电话的设备。	社团活动	高三时和朋友一起创立了编程公司。
“在这个世界上，我最喜欢的东西就是书籍和寿司。”	读书履历	“成就我的是我家旁边的图书馆，比哈佛大学毕业证书更有价值的是阅读习惯。”

韩国曾经出现过让人啼笑皆非的“培养十万名乔布斯”的口号，这说明韩国社会急缺符合时代发展和需求的优秀人才，而现存教育体系培养出来的人才不能适应一线工作的需求。名校出身的学生无法适应组织文化，缺乏开拓进取的能力和精神，社会上甚至出现了“公子型人才”“公主型人才”等新造词来形容他们。总之，学习成绩好的毕业生在实际工作中暴露出很多缺点。

随着入学考试制度的逐步改革，准备大学入学考试的孩子要做的事情也逐渐增多。学习成绩只是基本指标，读书后要写读后感，还要参加校内的各种竞赛和社团活动。且不说学习时间紧张，更大的问题是这些评价要素单靠自己是无法完成的。想进入一流大学，读书履历很重要，首先书的质量要达到一定水平，书单构成要能够展示自己感兴趣的领域。而缺乏阅读经验的孩子自然无法应对这项任务，因为大部分孩子都不知道自己应该选择什么标准的图书，也不具备理解这种图书的能力，即使咬牙读下去也领会不了内容，选书对他们来说简直难如登天。因此，一大批专门针对学生簿内容进行专项辅导的咨询机构如雨后春笋般纷纷涌现。入学考试制度改革是为了选拔“以阅读和思考为基础的创新型人才”，结果却成了私立教育开拓的蓝海。这些咨询机构不仅帮助学生规划课外阅读书目、指导校内竞赛作品，还会对学生簿中的重点内容提出建设性的指导意见，并负责将所有评价要素进行系统地整合，做成无懈可击的自我介绍。也就是说，这是一项把学生簿从头到尾，全方面进行粉饰、美化的服务。

对父母和孩子来说，在新的入学考试制度下，他们要做的事情更多了，没有专业人员的帮忙，孩子就很难通过考试，这让他们感到头疼。虽然制度设计的出发点是好的，但现实情况却让人担忧。

当然，现行入学考试制度今后可能会继续改革，但是改革方向是一定的，因为培养创新型人才是不变的需求，不管入学考试制度如何改革，都会以此为目标。那么我们应该如何应对呢？找咨询机构对孩子的学生簿进行粉饰是唯一的办法吗？当然不是，有一个更容易更有效的方法能够让孩子成为真正以阅读和思考为基础的创新型人才。

❖ 应对入学考试制度的最佳方法

杰出的企业家都是阅读达人，他们会不约而同地强调是阅读成就了今天的自己。Facebook 的创始人马克·扎克伯格现在仍然活跃在读书小组中，比尔·盖茨每年都会用一个月的时间集中阅读，“投资鬼才”沃伦·巴菲特每天上午都会读书……他们小时候养成的阅读习惯，即使在成为成功的企业家后也会一直保持。

他们读书并不是单纯为了扩展知识，而是为了锻炼自己的思考能力，从而更好地理解世界。他们通过小时候的阅读经历知道，每读一本书都可以提高自己的能力，这也正是读书履历成为学生簿综合评价的一个主要评判要素的原因。特殊目的高中和私立高中的教学质量好的原因也正在于此，因为这些学校开设的阅读课程比一般高中要多很多。芬兰教育位居世界前列的原因也正是他们将阅读教育贯穿于学校教育的全过程。

从小开始的阅读教育能够促进孩子语言能力的飞跃发展，从史蒂夫·乔布斯的例子可以看出，他通过阅读在小学四年级的时候便具备了高二的语言能力，语言能力远远高于实际年龄。对语言能力强的孩子来说，教材不过是自己阅读的众多书籍中的一部分，就好像高二的学生看小学四年级课本一样，学校的课程都不能算作学习，听一遍课，看一遍课本就能掌握了。学习不需要花太多时间，剩下的时间可以做自己喜欢的事情。比如比尔·盖茨沉迷于电脑编程，史蒂夫·乔布斯喜欢组装无线电设备，因为这些都是他们自己喜欢的事情，所以能够在这方面取得耀眼的成就，而学生簿中的校内获奖经历和社团活动恰恰是将自己喜欢的事情进行“制度化管理”的工具。

语言能力突出的阅读型人才不需要专门准备学生簿的内容，读书履历只需把自己阅读的书目写上去即可，而社团活动和校内获奖经历都是自己喜欢的事情，因此他们会主动在这方面投入很多时间，自然也不成问题。语言能力强，便可以在短时间内高效学习，所以学习对他们来说根本不是问题。

相反，对于语言能力低于自己年级水平的孩子来说，这样的入学制度简直就是地狱。首先语言能力差，一天学习 24 小时也很难取得好成绩，而且还要读课外书。打开书，从第一页就不知道在说什么，大致浏览一遍书的内容，在网上找到内容简介，然后东拼西凑写出一篇读后感。除此以外，还要参加社团活动，可自己除了上网聊天和玩游戏外没有什么兴趣，只好随便参加个社团，这自然也要占用学习时间。再加上还要参加校内的各种竞赛，哪里还有时间学习呢？他们就这样得过且过，一眨眼到了考试的日子。

对语言能力强的阅读型人才来说，做这些事情轻而易举，可对语言能力弱的孩子而言，这些却成了难以完成的任务。现在绝大多数高中生都是后者，在早期教育和私立教育的狂风暴雨中，语言能力突出的阅读型人才已经“濒临灭绝”，暂且能够具备与自己年龄相应的语言能力就已经算很出色了。如此一来，对大多数学生来说，方法就只剩下一个，那就是寻找咨询机构把学生簿装饰得光鲜亮丽，谁雇佣的咨询机构更优秀，谁的学生簿就越耀眼，现行的入学制度反而强化了教育的不平等。

那些优秀的人之所以能够尽情做喜欢的事情又能考入名牌大学，是不是因为他们特别呢？没错，他们很特别，但是让他们特别的并不是遗传因素，而是阅读。阅读是应对现行入学考试制度的最有效方法，以后也会是如此。

阅读能力在韩国现行高考制度中的重要性

韩国现行入学考试制度的评价因素主要有校内考试成绩、高考考试成绩和学生簿综合评价。如果学生不通过阅读培养语言能力，任何一项都不可能取得高分。

校内考试

语言能力强就像驾驶性能良好的汽车参加比赛

初中优等生升入高中后成绩下滑的原因之一是教材的难度加大。高中教材的复杂程度和信息量是初中教材的 7~8 倍，因此语言能力差的学生是不可能取得好成绩的。学生在上社会和科学课的时候就能深刻体会到这一点。

高考

语言能力强可以提升高考分数，语言能力弱则会拉低高考分数

高考试题以考查学生的语言能力为基础。语言能力差的学生即使知道某道题的相关知识，也可能答错题。如果我们不想出现这种情况，就必须要好好培养自己的语言能力。

学生簿综合评价

很多成功的企业家都是阅读达人

包含读书履历和校内获奖经历的学生簿综合评价及考查学生逻辑思维和写作能力的论述考试都需要很高的语言能力。语言能力差的学生既不能写好自我介绍，也无法取得较好的面试成绩。

考查学生语言能力的入学考试项目

学生簿

- 读书履历
- 参加的读书社团活动
- 各种竞赛获奖经历
（读书大赛、辩论大赛、写作大赛、论述大赛、论文大赛等）

自我介绍

- 突出的写作能力
- 通过阅读经历证明自己符合专业需求
- 未来规划

面试

- 书面面试
- 规定题型面试
- 讨论面试
- 性格面试

大学自行举办的考试

- 论述考试
- 职业能力考查（包括读书和文学）
- 原创写作的能力

学习型头脑读书法 8：快速提升高考成绩的训练法

（适用对象：高中生）

高中生的高考模拟考试成绩低于校内考试成绩是一件很棘手的事情。校内考试成绩只要努力就可以在短时间内提高，但高考成绩却并非如此，因为想要提高高考成绩，就必须提升自己的语言能力。面对日益迫近的高考，我为大家介绍一个可以短时间提高语言能力的方法，那就是抄写历年高考语文原题。高考语文 50 多分的学生使用这种方法可以提升到 60~70 分，如果每天坚持抄写，就可以快速提升自己的高考成绩。

快速提升高考成绩的方法

做高考语文原题	选择一份往届高考语文原题，像真正高考一样从头到尾做一遍。
核对答案，找到自己的薄弱点	分析做错的原因，找到自己的薄弱点。
选择 3 种答错较多的题型，抄写 3 遍	如果说明文错得多，那就抄 3 遍说明文；如果诗歌错得多，则抄 3 遍诗歌。
做其他年度的高考语文原题	用同样的方法多做几套试题，分数可以提高 10~20 分。

抄写
高考试题

提高高考成绩
和
校内考试成绩

通过抄写把孩子的语言能力提升到能够应对高考的水平。不要只抄一次，定期坚持抄写可以取得巨大的效果。

由于高考语文题目的语言水平要高于高中教材，因此此举不仅能提升高考成绩，还能提高校内考试成绩。

进阶篇

娴熟阅读者的
学习型头脑读书法

保持优异成绩的最可靠方法
是成为娴熟的阅读者。
娴熟的阅读者
能够在最短的时间内
毫不费力地消化课本的内容。
其实这一切
没有想象中那么难，
把孩子培养成娴熟阅读者
只需要3本知识类图书。

第一章

知识不要死记硬背，而要融会贯通

* 好奇世间万物的能力
* 从《佛兰德斯的狗》到《宇宙》
* 知识类图书的阅读高手不是逼出来的

网络百科的使用方法

学习型头脑读书法 9： 知识类图书基础阅读法

❖ 好奇世间万物的能力

阅读经验少的读书新手是不能很好地阅读知识类图书的，如果不是对知识有特别强的好奇心，最好通过故事书进行充分的阅读训练以后，再开始阅读知识类图书。

阅读故事书是一个发现自我的过程，通过作品体验他人的生活和情感，从而可以更加深入地了解自己。

阅读知识类图书则是一个理解世界的过程，理解我们生活在怎样的世界中，以及今天的世界是怎样形成的。可以说，读书是我们发现自我、理解世界的一种途径，也是学校教育的目的。语文是理解自身的科目，而其他科目则是我们了解世界的途径，只不过学校教育通过课本为各种知识划出了界限，而这恰恰成为学校教育的根本性问题。

教材并不是传授知识的最好工具，因为它要用简短的内容概括大量的知识。比如三四百页的历史教材要涵盖一个国家的全部历史，自然只能简要地罗列历史事件。不要说深度，连基本的人物关系都很难阐述清楚。科学领域和社会领域的课程也是如此，与其说教材是图书，不如说是知识指南或者知识简介，它们只是告诉大家某个年级需要知道哪些知识而已。

教材的每一章都包含多个主题，由于篇幅限制，每个主题都无法进行充分讲解。通过阅读教材，我们只是知道地球是圆的，却无法了解地球为什么会是圆的；通过阅读教材，我们可以知道突厥族和蒙古族是勇武的游牧民族，但却无法了解他们为什么会勇猛彪悍。

教材中的大部分知识只有信息而没有原因，然而知识本来是由原因和结论两个要素构成的，原因和结论要同时了解才算掌握整个知识模块，下面我们举个例子来说明。

知识模块构成示例：

第一阶段 收集信息：地球是圆的。

第二阶段 提出问题：地球为什么是圆的？

第三阶段 原因推理：地球在诞生初期主要由液态岩浆构成，因此在太空中就自然而然地收缩成了球形。

第四阶段 得出结论：由于地球中心强大的万有引力作用，使液态岩浆在逐渐冷却形成固态岩石时依然能够保持球形而不解体。

原因和结论一起构成了“地球是圆的”这一知识模块，但是这个模块并不完整，而且仅通过一个知识模块是不能了解整个知识体系的。

例如第三阶段中“地球由液态岩浆构成”这一信息就需要新的论据支持。第四阶段中“地球中心强大的万有引力作用”也是如此，它会引发读者提出“什么是万有引力作用？”这样的疑问。顺着这些疑问继续追寻下去，则会引出更多信息，知识就是以这种互相连接的方式不断扩充的。知识链条的紧密程度和长度决定了一个人的知识深度，通过这种一环扣一环的方式积累知识，最终再回到原点。从地球是圆的开始了解行星、小行星和彗星的形成原理，进而理解恒星的形成原理，最后再次回到行星的形成原理上，这样在头脑中就形成了天体的形成原理这棵知识树，头脑中的这种知识树越来越多，最后就会变成知识森林。如果头脑中的知识以这种方式紧密相连，就能以此为基础来看待和理解世界。

读者可能会产生这样的疑问："孩子这么小，需要像这样理解知识结构吗?"在我看来，孩子们从小就要意识到一点，那就是所有知识都是由原因和结论组成的。凡事都问为什么是孩子最宝贵的能力。

从小没有形成知识结构、不知道问为什么的孩子是不懂得如何理解和消化知识的。他们看到知识就背下来，这样积累起来的知识零散杂乱、没有体系，很快就会遗忘。即使一直记得，除了培养记忆力以外也没有什么意义。

没有形成知识结构的孩子很难在社会、科学等科目中取得好成绩。由于不理解知识结构，也没有经过训练，他们只能将知识点逐个背诵下来，不仅枯燥乏味，而且费神费力，对他们而言，学习成了一件痛苦的事情。到了考场上，他们只能凭借零散的知识答对一些客观题，但对分数占比高的主观论述题却基本束手无策，校内成绩自然不会太好。

而且，他们不仅校内成绩不好，高考成绩可能还会更差，尤其是科学和社会等科目。前面已经说过，高考考查的不是“知不知道某个知识点”，而是“能否运用所学知识解答问题”。如果不能把知识系统地联系起来，是不可能准确解答问题的。而具有知识结构意识的孩子，学习课本的时候会不断问为什么，寻找问题的答案，这样学习效率会更高，学到的知识也会更成体系，考试自然能够取得好成绩。

学习以外的领域也是如此，很多成功人士都有着强烈的好奇心，好奇心强意味着凡事都想知道原因，因此他们会不断地问为什么。思维的基本体系和知识体系是一样的，由原因和结论构成，掌握知识体系的学生可以更加全面地思考自己所做的事情，从而找到新的突破口。

遗憾的是，如今公立教育不重视培养学生问“为什么”的习惯，只是一味地灌输知识。这种忽视知识结构，只让孩子死记硬背的教育方式我们称之为填鸭式教育。填鸭式教育的最大问题是孩子的智力无法得到充分发展。另外，学校里教的知识除了对获得学历有用以外，没什么其他意义，这就是公立教育出现危机的核心原因，教育制度的不断改革也正是为了化解这一危机。不指定一种教材，而是使用多种教材；不考查个别知识点，而是考查整体修学能力……这些举措都是在努力克服公立教育的缺陷。

芬兰教育出色的原因在于将知识结构融入了公立教育体系。老师在学生们阅读教材以后，会给他们布置相关的课题，学生们为了完成课题，需要阅读各种相关的知识类图书。他们通过教材学习知识点，通过知识类图书寻找前因后果，从而在头脑中种下知识树，并逐渐成长为知识森林。

孩子头脑中具有知识森林不仅意味着他掌握的知识十分丰富，而且意味着他在头脑中建造了一个先进的知识处理工厂，在接触新知识时能够迅速而娴熟地进行处理。

正如故事的结构大都相似一样，知识的结构也大同小异，处理过一种知识体系的孩子在面对其他知识体系时也可以得心应手。语言学习也不例外，因为学习一门语言也是在构建一种知识体系。

❖ 从《佛兰德斯的狗》到《宇宙》

“老师，这本书没意思。”

“不知道这本书在讲什么。”

无论是学习条件优越的城市孩子，还是条件相对落后的农村孩子，在阅读知识类图书时一般都会有这样的反馈。对知识类图书感兴趣的孩子和对其不反感的孩子加起来也不足十分之一，而能够较好地理解其内容的孩子更是少之又少。

有些辅导机构给学生开列的书单中有很多知识类图书，其占比少则一半，多则十分之七，但是真正去读这些知识类图书的学生很少，大部分学生读都不读就来学校听老师讲课，这种学习方式很难产生效果。与其这样，还不如让学生读故事书。

孩子不爱阅读知识类图书的原因有两个。第一个原因是现在的孩子普遍缺乏好奇心，他们从小就开始接受填鸭式教育，只重视现成知识，而对知识的来龙去脉不感兴趣。这样一来，知识类图书对他们来说毫无趣味可言，他们自然不爱读。但是在我看来，具备一定阅读基础的中学生是必须要读知识类图书的，因为用心精读一本知识类图书对学习大有裨益。我经常给中学生讲这句话：

“读十遍也好，读一百遍也罢，如果能将《宇宙》这样的书彻底读懂，保证你能考上名牌大学。”

我之所以会这样断言，是因为我亲身体验过认真阅读一本知识类图书对学习产生的巨大影响。

我非常理解成绩落后者的心情，因为我自己也曾经是他们中的一员。说起来惭愧，小学期间，我的成绩一直在班里倒数，是名副其实的末位选手。小学毕业时，我对英语几乎一无所知，数学连九九乘法表都没有背下来。

学习差的孩子考试时常会猜答案，大人们觉得这是由于孩子对学习缺乏热情和动力，我的父母和班主任也是这样认为的。开家长会时，老师总是告诉我父母，我的成绩之所以会如此差，并不是因为我脑子笨，而是因为我不用心，考试的时候连考题都不认真看。虽然老师说我不笨，但每次听到这样的评价，我都会产生“我真笨”的想法，因为只有我知道，自己不好好读题的原因是读了也不知道题目在说什么，我的语言能力已经差得连问题都读不懂了。

后来我的成绩能够由差变好，究其原因是在几次机缘巧合之下，我爱上了阅读。第一次机缘巧合是在小学五年级的时候，因为我总是不学习，于是父母命令我放学后立刻回家，并待在自己的房间。那时没有课外培训机构，父母也没有时间辅导我，因此只好把我关在房间里监视起来。

房间里没有可以玩的东西，于是我开始在练习本上乱写乱画。整整 6 个月，我每天花三四个小时乱写乱画，结果我的绘画水平日渐增长，开始在美术课上崭露头角。班里选择绘画大赛参赛学生的时候，我竟然进入了前三名。老师把我们三人画的作品展示出来让大家投票，我更是获得了第一名，但我最终却没能成为参赛代表，因为老师没有考虑大家的投票结果，而是让学习成绩好的第二名去参加比赛。由于成绩不好，我受到的不公平待遇可不止这一件。正是因为这些痛苦经历，在我当了老师以后，看到成绩差的孩子，我反而会倾注更多心血。

不知是因为没有当上参赛代表，还是因为心生厌倦，我对画画渐渐失去了兴趣，这下可真是无事可做了。这时进入我视线的是 300 本青少年小说。这些小说是父亲在从事出版工作的客户那里廉价买回来装饰书柜的。我开始一本一本地翻看起来。

最初一两个月，与其说我是在阅读，不如说是在观赏。这些小说大多是五六年级的水平，对从没读过书的我来说是非常难的。我一般读一下第一页就一直往后翻，翻到有趣的插图，再读一读。

这样读着读着，我遇见了自己人生的第一本书《佛兰德斯的狗》。我偶然翻开它，竟然不知不觉地从头读到尾。对我来说，这是一次非同寻常的经历，我忘记了现实，全身心地沉浸在故事的世界中。这是一个令人悲伤的故事，我哭肿了眼睛，足足一个星期都深陷悲痛之中。这是我第一次体会到阅读的乐趣。

从那以后，我开始从书架上一本一本地选书来读，临近小学毕业时，我几乎将这300本书全部读完了，并且还因此发生了一件“离奇”的事情。小学六年级第二学期结束时，我收到了一张印有“优秀（90分以上）”的成绩单，虽然只有语文这一个科目。我记得上次获得这样的成绩还是小学一年级。现在想来，正是因为我当时废寝忘食地阅读了近300本青少年小说，不知不觉中将语言能力提升到了相应年级以上的水平，才会获得那么优秀的成绩，但当时的我却对这种因果关系一无所知。总之，有了那段经历之后，我成了一个会读书的孩子，至少是一个可以读懂教材的孩子。

第二次机缘巧合是在我初中入学之前。父母认为看书不能当饭吃，因此不给我买书，而我的读书热情还没到用自己的零花钱买书的地步，再加上当时我根本就没有听说过图书馆，自然也不会去图书馆借书。好在父亲在银行工作，每个月都会拿回来很多顾客阅读过的杂志和手册。其中一本手册里夹着一本很薄的随笔集，我隐约记得书名是《我也可以》。里边登载了12名首尔大学学生的随笔，无一例外都是小学到初中学习成绩很差，由于某个偶然的机遇开始对学习产生热情，并最终成为优等生的励志故事。我每看一页，都感觉好像有把锤子在敲击我的脑袋。十几年来，我从来都没想过自己可以成为好学生。我一直认为好学生都是天资聪慧的人，但是随笔集中记录的那些资质平平者逆袭的真实故事非常具有说服力，我开始逐渐萌生“如果这些跟我一样笨的孩子能成为好学生，那我也可以”的想法。

我按照书中最后一页的指示，找来一个笔记本写下自己的目标。我的目标是进入班级前五名，最开始写的时候我自己都觉得好笑，全班60多名学生，我一直倒数第一，要成为前五名简直就是天方夜谭。但是我最终坚持了下来，不停地在笔记本上写下自己的目标。“进入前五名”“平均成绩超过90分”“不进前五名决不罢休”，我变换着表达方式，一有空就写。因为书上说要一直写到自己相信可以达成目标为止，于是我就抱着“试试也无妨”的想法坚持写下去。

整个寒假我除了写笔记，什么都没做，我每天都在想“进入班级前五名”。神奇的是，等到开学的时候，我已经坚信这是我要达成的目标。开学第一天，我得知自己在分班考试的63名学生中考了第61名，老师对我近乎无视，但我并没有在意。反正我要进前五名，班级前五名的孩子是人，我也是人，人和人之间能有多大差距，大不了把教材全部背下来。

我把教材和参考资料全部堆在书桌上，开始制订学习计划，并且坚信只要按照这个计划，即使再笨也可以把教材内容全部背下来。每天我都按照这个计划学习，这时我读过的300本青少年小说开始发挥巨大的威力，以前我连考题都看不懂，现在却可以轻松理解初中教材了。随着计划表上表示完成的圆圈一点点增多，我激动得心脏怦怦直跳。考试逐渐临近，我感觉自己的目标快要达成了。

最终，我在初中一年级的期中考试中考了第四名，心里乐开了花。我从给班级拖后腿的差等生变成了拉升班级平均分的优等生，这次经历大大提升了我的自尊心和自信心。我开始坚信，只要努力，一切梦想都可以实现。

初中二年级第一学期期中考试期间，发生了一件让我意想不到的事情。一天晚上，我去卫生间的时候忽然晕倒在地，被救护车送去了医院。诊断结果是结核性脑膜炎，我全身遍布结核杆菌，大脑、肺部、胸膜全部感染。由于病情十分严重，医生无法保证可以治愈，而且即使治愈，我也可能会丧失一部分身体机能，最乐观的情况也要治疗六七年。如果这样的话，那我高中毕业后也要接受治疗，这就意味着考大学几乎成了泡影。

在住院治疗的 5 个月中，我每天注射 30 多次抗生素，前后做了 3 次手术。我分不清白天和黑夜，每天都过得浑浑噩噩。在这种状态下，我见证了周围病友的死亡，昨天还躺在旁边病床上的叔叔突发胸膜炎离世，走廊里时常遇到的患有小儿麻痹的小女孩最终败给了死神。那时我什么感觉都没有，只想着早点儿摆脱病痛，离开医院。

我真正开始思考死亡是在我出院很长时间以后。重回学校之后，我就像裂缝的玻璃杯一样被保护起来，体育课自然不用上，还可以随时早退，很多时候到学校打个招呼就要赶去医院，以至于每次看到医院的建筑我都会产生一种奇妙的感觉。突然有一天，我平生第一次产生了强烈的好奇。

“为什么所有生命都要面临死亡？”“什么是生命，什么是死亡？”“世界为什么会这样？”这些问题一下子涌进我的脑海。我对很多事情都不感兴趣，很少会追根究底，可是对这些问题却按捺不住内心的好奇，于是向大人们求教，结果碰了一鼻子灰。他们告诉我，这些不是一个初三学生该想的事情。最后，

知识不要死记硬背，而要融会贯通

不甘心的我带着这些问题第一次走进书店。在书店里转了一圈，我拿着《上帝与新物理学》和《宇宙》两本书走向了收银台，我把所有零花钱都用在了这两本书上，因为这两本书的书名和序言好像在说“让我来解决你的疑问”。可是当我真正坐下来读时才发现自己根本看不懂，因此初三和高一两年的课外时间我基本都花在了读这两本书上，《宇宙》我至少读了 10 遍。

高一时我又进行了一次手术，出院后在家接受治疗。由于自己的病情不稳定，那时的我基本放弃了考大学的想法，对学习自然也不太上心，校内考试成绩一直位居下游。就这样到了临近高三时，我的内心忽然感到无比恐慌，还剩一年就要高中毕业了，接下来的路该怎么走呢？直到最近一次全国高考模拟考试和论述模拟考试时，我的成绩出乎意料得高，特别是论述模拟考试成绩进入了全国前二十名，这让我不禁产生了想考大学的想法。

下定了考大学的决心后，我便马不停蹄地开始学习。因为我要在仅剩的 4 个月内复习完高中三年的所有课程，所以时间表被安排得满满当当。我像发疯一般努力学习，以极快的速度复习高中课程，但是这种速成计划本身就不太现实，所以直到高考当天早上我还在学习。精力的过度消耗导致我在第一场语文考试时流了鼻血，我现在还清晰地记得自己当时的狼狈模样。不过，功夫不负有心人，平时校内考试成绩一般的我竟然在高考中进入了全国前 4%，大学自主举行的论述考试也顺利通过，最终我收到了首尔两所大学的录取通知书，并如愿以偿地进入了理想的大学。

我的头脑并不聪明，记忆力一般，性格也马马虎虎，那我是怎样用 4 个月的时间学习完高中三年课程的呢？我坚信这是因为自己阅读了《宇宙》这本书。《宇宙》是一本介绍宇宙 137 亿年历史的天体物理学著作，这本 700 页左右的书所包含的信息量比从小学一年级到高中三年级所有科目的教材加起来的信息量都要大，难度也超过了高三的水平，而我从头到尾读了十遍。跟《宇宙》比起来，高中教材太容易了，需要了解的知识量也没有那么多。

当然，我的情况是一个特例。由于生病，我完整的校内学习时间只有初一一年和高三的半年，大家自然不能用这种方式学习。之所以介绍自己的经历，是因为我想告诉大家，精读一本知识类图书能够发挥巨大的威力。在初中和高中期间，除了《上帝与新物理学》和《宇宙》，我还读了几本哲学书，全部加起来也不超过 10 本。不过，我九成以上的知识处理能力都是通过阅读《宇宙》获得的。在反复阅读的过程中，我把书中的知识结构印在脑海里，也就是说，由于大脑神经的可塑性，我的脑力发展到了可以理解《宇宙》这本书的知识体系的水平。

据说著名的科学史研究专家、剑桥大学的客座教授张夏硕也曾经在初三时读过很多次《宇宙》，这样的读书经历为他后来成为世界级学者奠定了基础。可以说这是一个必然的结果，对能够完全理解超出高中课本水平的知识类图书的孩子来说，阅读教材是十分容易的事情。无论是花 6 个月也好，花一年也罢，在初中毕业前只要仔细阅读一本书就可以轻松理解高中课本内容，这种具有超高性价比的方法让基础极差的我取得了惊人的进步，其他孩子就更不用说了。

❖ 知识类图书的阅读高手不是逼出来的

精读一本知识类图书之所以能够发挥巨大的效果，不是因为孩子通过它能够获取很多知识，而是这种把书中知识串联起来的过程可以在孩子的大脑中搭建起处理知识的“高速网络”，这种高速网络的性能非常好，一旦搭建起来，孩子便可以迅速习得知识。阅读一本就可以取得这样的效果，那么阅读十本、一百本会怎样呢？

我没有这样的经验，阅读过 10 本以上《宇宙》这种知识类图书的孩子肯定也是凤毛麟角，不过想要找到这样的人并不难，只要随便找一位知识渊博、成就非凡的伟人，了解一下他的成长经历就会发现，他们基本都是阅读知识类图书的高手。

阅读过很多知识类图书的人不会像我这样一点一点地仔细读，也不需要读很多遍，大部分书只需读一遍，就能够全部消化吸收。他们之所以具备这样的能力，是因为从小就读过很多知识类图书，这使得他们学识渊博，语言能力出众，理解问题深刻，不管读什么知识类图书都不会感到畏惧。

他们就好像鲸鱼吞吐海水一样，每天都会吸收新知识，进而搭建起更强的信息传送网络，获取更渊博的知识和洞察世界的能力。对他们来说，学校的学习简直是小菜一碟，课本中的知识基本都已知晓，即使有不知道的内容，也是一看就会。可以说在学习方面，这些人就是超人。

在韩国的学校里，这样的孩子简直就跟濒临灭绝的动物一样稀有，因为韩国的教育体制根本培养不出这样的人才。可能很多人会觉得我在这里讲的内容是天方夜谭，不过我还是由衷地建议大家，如果您的孩子年龄尚小，请您务必仔细阅读这一章的内容。

知识类图书的阅读高手可以分为四种类型，这四种类型之间并没有明确的分界线，第一种类型可能同时具备第二和第三种类型的特点，第三和第四种类型也可能兼具第一种类型的特点。分析这些类型的目的是帮助大家将孩子培养成知识类图书的阅读高手，毕竟家长只有了解了其中的原理，看到孩子具备了相应的潜质，才能因材施教。

首先要强调的是，知识类图书的阅读高手是不能强制培养的，强制只会适得其反。

第一种类型：博览群书型

博览群书型是指不管什么种类的书，只要看到就会读，也就是把图书馆书架上的书一本不落全部读完的孩子。发明大王爱迪生、微软公司创始人比尔·盖茨和特斯拉公司 CEO 埃隆·马斯克都属于这种类型。

博览群书需要很长的时间和巨大的热情。爱迪生小学时曾被勒令退学，所以有很多时间；比尔·盖茨在图书馆如饥似渴地读书，以至于爸爸认为他有问题，带他去医院治疗；埃隆·马斯克也是书不离手，小朋友来找他玩，他竟然自己去看书，酷爱读书的他在高中毕业前就已经阅读了一万本以上的书。如果孩子能够将图书馆儿童区的书籍基本读一遍，那么他一定会成为超乎想象的人才。

图书馆儿童区的书架和成人区的书架一样，都陈列有历史、科学、社会、政治、文化等各种领域的图书，唯一不同的是书籍的难度是适合儿童阅读的，但这并不意味着儿童书籍的内容幼稚，世界上没有什么文化和知识是幼稚的。儿童书籍只是将复杂的知识以简单易懂的方式呈现出来而已，因此孩子看完儿童区的所有书籍就意味着世界上所有种类的知识都已经储存在他的头脑中了。

阅读一个领域的很多本书，就相当于对这个领域的知识进行反复学习。以韩国历史为例，孩子阅读一本韩国通史就可以大概了解历史的脉络，图书馆里一般有几十本介绍韩国历史的书，这些书的知识点大同小异，但是每本书的侧重点以及叙述方式都不相同，因此看几十本韩国通史就意味着孩子从不同的角度反复学习了几十次韩国历史，这种学习方式与学习教材的方式不同，获取的知识会更加全面和立体。

最开始阅读通史的时候，孩子对其中的所有知识都感到新鲜。“檀君王俭建立了檀君朝鲜”“高句丽有一位叫广开土大王的国王”等，这些历史信息对孩子来说都是新知识。第一次阅读韩国通史相当于孩子初涉韩国历史这个知识领域，犹如与初次见面的人打招呼说“你好，见到你很高兴”的问候阶段。

孩子阅读第二本通史，则是以不同的侧重点、不同的叙述方式学习同样的知识，以此来巩固第一次阅读历史书时学到的知识，并将错过或遗忘的知识重新输入头脑中。比如第一次读的时候只记住了李舜臣将军活跃在壬辰倭乱时期，第二次读的时候则可以了解壬辰倭乱发生在朝鲜中期，50 年后发生了丙子之役……韩国历史知识这幅大型拼图开始慢慢被拼凑起来。

这样阅读六七本韩国通史以后，孩子已经对韩国历史了如指掌，甚至可以猜出下一章要讲的内容。不仅如此，他还可以感受到每本书观点的差异。如果孩子阅读了二三十本历史书，就能够了解事件之间的相互关系。此时，孩子头脑中韩国历史这一知识体系开始形成完整的结构，里边的知识随时都可以拿出来使用，甚至不经意间就会脱口而出，因为这些知识已经真正内化成了自己的知识，它们可以作为思考的基础和材料，提升孩子深度思考的能力。

假设孩子坐汽车在汉江边行驶，道路拥堵，汽车行驶得很慢。无所事事的孩子看到江中的游船，突然联想到了历史书中的龟船。最初可能会想象龟船攻击游船的场景，继而想起龟船的奇特构造，并产生“龟船为什么会有像乌龟壳一样的盖子?”的疑问。“龟船是战争用船，应该是为了更好地防御吧，为什么有盖子就可以更好地防御呢?”以这样的方式展开思考，这个问题自然而然就会引向古代海军的作战方式，因为只有知道作战方式才能了解盖子的作用。但是孩子并不清楚古代海军的作战方式，只能根据已有的知识发挥想象。这时孩子可能会想到自己之前看过的电影《加勒比海盗》，其中一个场面是海盗抢劫游船时使用梯子和绳子等工具轻而易举地爬上了游船，如果游船也有盖子，那么海盗就过不来，怪不得龟船的盖子上面有很多长刺。

这下孩子就清楚了，龟船的盖子是为了防止敌军上船。此时他还可以进一步思考，为什么要防止敌军上船呢？说明敌军很擅长近身作战。“同样是军人，为什么敌军更擅长近战？”孩子在脑海中寻找与战争相关的知识，想起书中有这样的信息：“朝鲜的主要武器是箭，日本的主要武器是刀。”孩子再次开始思考，朝鲜船和日本船交战，朝鲜士兵会射箭，好像没什么用处，只要躲在船的柱子后或船舱里，就不会被箭射到。日军紧贴朝鲜战船，上了船以后，擅长使用刀的日军就会轻松战胜朝鲜军队，为什么日军使用刀而不是长矛呢？孩子继续思考，船上空间有限，挥舞长矛肯定会有各种障碍，使用短刀更有利。

如果孩子的头脑中储存有大量知识，就可以用这种方式思考问题，并通过深入思考把知识完全吸收。这样一来，书中的知识就不再与现实脱节，反而与现实完全融为一体，成为有生命力的知识，这些知识在孩子阅读其他类型的历史书时会得到验证和完善，变得更加具体细致。比如，如果孩子了解了时代背景，再来读世宗大王、广开土大王等历史人物的故事或与历史文物相关的书籍，就会获得更加深刻的体会。当孩子将图书馆儿童区的历史书全部看完时，基本已经具备了准专家级的知识体系，这时孩子头脑中存储的不是杂乱无章的知识，而是由各种错综复杂的知识整合而成的知识体系。

拥有历史知识体系的孩子阅读文学作品所获得的感悟要比其他孩子深刻得多，同样，阅读大量历史和文化领域书籍的孩子在阅读科学著作的时候也会优势尽显。如果用这种方式广泛涉猎文学、科学、社会、政治、哲学领域的书，孩子头脑中可以使用的思考材料就会越来越多，阅读效果也会越来越好。当所有领域的知识都在头脑中形成一个网络时，孩子看待世界的方式就会更加深刻，他可以调动自己的知识网络来理解和洞察世界，进而成长为格局远大的全面型人才。

对这种孩子来说，学校的教材不过是把自己知识网络中已经储备的内容简单归纳起来而已，因此读一遍就可以完全掌握。这样的话，需要单独学习的科目只剩下数学和英语，而且这两个科目也可以很快掌握，因为孩子的知识处理能力用来应对英语和数学课本的内容已绰绰有余。

能够把图书馆儿童区的书都读完的孩子无疑是天才，但这种天才属性并非源于大脑，而是源自对阅读的狂热欲望。正如对运动上瘾的人如果不运动就会浑身不舒服一样，对阅读上瘾的孩子如果不看书也会觉得不舒服，因此他们手不释卷，手边无书可读的时候，就读广告标语和产品说明书，这正是天才的核心属性，没有对阅读的狂热欲望是不可能这样读书的。

第二种类型：积极探索型

积极探索型是指受到自身好奇心的驱使而读书的孩子类型，如果说博览群书型是放射性阅读，那么积极探索型则属于线性阅读。例如韩国最年轻的博士宋幽根从小对风很感兴趣，阅读了很多关于风的书籍，进而对利用风力行驶的帆船产生兴趣，于是便开始阅读与帆船相关的书籍，并进一步钻研起航海技术。积极探索型的孩子是在好奇心的驱动下进行阅读的，通过阅读来满足自己的好奇心。在这个过程中，孩子一边积累知识，一边不断产生新的兴趣点，阅读过程和搭建知识体系的过程完美融合。

积极探索型的孩子属于进攻型阅读者，他们读书的驱动力是好奇心，所以在阅读的时候他们会一直问为什么。这种积极提问的态度使得他们在阅读过程中不断思考，并充分吸收书中的知识，这样每读一本书都会收获颇丰。积极探索型阅读者经常会阅读超出自己语言水平的书。

假设孩子对“现代机器文明是如何开始的”这一问题产生好奇，就会通过书籍了解到“机器文明始于詹姆斯·瓦特发明蒸汽机”这一事实。但这并不能满足孩子的好奇心，在阅读过程中他会了解到除了詹姆斯·瓦特，还有很多人在尝试制造蒸汽机，因此自然而然就会产生这样的疑问：“之前为什么没有人尝试，偏偏这个时期很多人都尝试制造蒸汽机呢？”就像这样，为了解答不断产生的疑问，孩子自然会接触到自己语言能力以上的书籍，将阅读范围扩展到青少年图书甚至成人书籍，久而久之，孩子就会具备超出同龄人的语言能力和知识，从而帮助他轻松完成学校的课程。如果孩子一直受好奇心驱使进行阅读，最终就会像博览群书型阅读者一样，对所有领域的知识都有深刻的理解。

学生簿中设置的读书履历也正是为了了解孩子在阅读方面的探索轨迹，也就是通过读书清单来了解孩子的兴趣所在，但是大部分学生在写读书履历时都以高中生必读书目为主，因此韩国首尔大学负责招生工作的处长每年都会强调，读书履历是为了了解学生的学习轨迹，而不是看其每年读了多少推荐书籍。

第三种类型：学科入迷型

如果说博览群书型的阅读者是全方位人才，积极探索型的阅读者是知识探索家，那么学科入迷型的阅读者则是某一个特定领域的专家。

每个孩子从一生下来就具备对某个领域着迷的特质，因为任何人都有自己感兴趣的领域。有的孩子喜欢机器人和飞机，有的孩子喜欢恐龙和火山，但是大部分孩子在成长过程中都会逐渐丢失自己的爱好，因为大人们觉得孩子不应该关心那些毫无用处的领域，或者认为只关注一个领域是不好的。

例如某个孩子非常喜欢经济学，不到 10 岁就整天阅读与经济学相关的书籍，对投资、创业、股票等非常感兴趣，其他书连翻都不翻。这时父母自然会担心，觉得现在学习经济知识没有意义。如果孩子关心的是恐龙、机器人或者服装设计，父母更是会心急如焚地告诫："花时间看那些没用的书，还不如背英语单词呢。"

孩子能够找到自己热爱的领域是非常重要的，无论这个领域在父母眼里是多么无关紧要。虽然这类知识本身可能没什么用处，但孩子对此的狂热兴趣会成为他持续阅读的强大动力，持续的阅读经验也会使他的语言能力提升一个层次。

假如孩子对机器人十分着迷，就会主动阅读与机器人相关的书籍，父母只需按照孩子的愿望提供所有他想看的书即可。在不断深入阅读的过程中，孩子可能会对机器人工学产生兴趣，并开始阅读超出自己年龄水平的机器人工程书籍。如果孩子在初中毕业时就读过很多相关的青少年图书，而且对于成人书籍也有所涉猎，那么他应该已经具备了超出同龄人水平的语言能力。对于已经具备机器人领域准专家水平的孩子来说，阅读高中课本是没有任何困难的。

强烈的关注会激发强烈的梦想，这是学科入迷型孩子的一大优点，也是伟人们的共同特点。新中国的主要缔造者和领导人毛泽东对革命家和英雄的传记非常着迷，世界最顶尖的投资家沃伦·巴菲特从8岁开始就整天阅读经济、投资和股票类书籍，著名的天体物理学家卡尔·萨根则是外星人迷。

当孩子拥有自己着迷的领域，请满怀喜悦地为孩子加油吧！即使这个领域微不足道，不能赚钱，但是只要孩子不失去兴趣，就会不断取得进步，入学考试自然也能够轻松通过。

第四种类型：学以致用型

对于学以致用型的阅读者来说，书籍就像商品的使用说明书。他们总是带着某种学习目的去阅读，打算学围棋，就先阅读围棋理论；新买了一台电脑，就开始阅读电脑原理。前三种类型的孩子在小学低年级的时候就能很容易显现出来，但这种类型的孩子却一般要到青少年时期才会被发现，因为大部分的应用理论书籍都是以成人为对象的。

和其他三种类型一样，学以致用型阅读者的语言能力也很高。由于此类阅读是以实用信息为主，不会积累与学校课程相关的知识，对世界观的形成也不会有所帮助，但是对学习头脑的开发效果却非常大，因为这种类型的阅读者都是带着目的去阅读，因此读书就像看商品说明书一样仔细，并记忆具体信息。

学以致用型阅读者会采用各种方法来记住书中的知识，只有这样才能在实践中更好地运用。他们会把重要部分标记下来，反复阅读，必要时还会进一步整理，甚至背诵下来。对学以致用型阅读者来说，读书的目的就是完全理解和消化书中信息，并把理解和消化的知识立刻应用到实践中，比如用学到的围棋理论下围棋，用学到的计算机原理操作电脑。

通过实践，学以致用型阅读者可以了解自己对哪个部分理解得不准确，对哪个部分掌握得不够好，然后查漏补缺，继续阅读学习。这样他们把握文章信息的能力会不断提升，而这种能力则会在学校课程学习中发挥巨大作用。

这四种类型的阅读者并不是固定的，积极探索型阅读者可能具备博览群书型的特征，学科入迷型阅读者也可能像学以致用型阅读者一样看书。除此之外，还有多种上述类型的变体，不过不管如何变化，有一样是不变的，那就是这些阅读者都是自发阅读的。自发阅读的根源是好奇心，博览全书型阅读者对世界上的所有知识都充满好奇，积极探索型阅读者则是为了追寻内心的好奇，学科入迷型阅读者是对自己着迷的领域怀有活火山般热烈的激情，学以致用型阅读者则非常想尝试新的领域。如果父母总是强迫孩子“需要知道这些知识”“一定要读完这套全集”，那么孩子的好奇心就会消失得无影无踪。一旦孩子失去了好奇心，阅读的兴趣自然也就无从谈起了。

网络百科的使用方法

使用网络百科可以迅速获得某一特定领域的知识，提高处理知识的能力。如果使用得当，不仅能够提高校内考试成绩，而且对阅读理解知识类图书也能够起到很大的帮助作用。可以说，网络百科是学生们备战高考的得力工具。

查询关键词	在学校学习或阅读知识类图书的过程中，如果遇到某个不理解的知识点，可以在网络百科中查询关键词。	例如： 地震 多普勒效应 凯撒大帝
以阅读概述为主	网络百科的检索结果既有概述，也有详情。详情当然更加全面，但是对阅读新手来说理解起来会有些困难，所以学生多以阅读概述为主。	例如： 地震是地壳快速地释放内部能量过程中造成的振动，期间会产生地震波的一种自然现象。
查询概述中不理解的概念	阅读概述时，如果有不理解的信息，就再次使用网络百科查询。	例如： 地壳快速地释放内部能量
查询新的关键词	需要理解“地震”“地壳”等特定概念的时候，只需直接查询关键词即可，但是在理解“地壳快速地释放内部能量”等信息时，则需要提炼出合适的检索词。	例如： 地球内部由地心至地表依次分为地核、地幔、地壳。

学习型头脑读书法 9：知识类图书基础阅读法

（适用对象：中学生）

这种阅读方法就是选择一本 400 页以上的成人知识类图书，每天读一两页，一年内完全理解和消化。阅读比高中教材难度大、信息量多的成人图书可以实现语言能力的飞跃，只要坚持阅读，处于中游的学生在一个月内成绩就会有所提升。如果初一的学生用 3 年时间以这种方式读 3 本书，升入高中后就不会觉得课程难学。阅读时，要抱着完全理解和掌握的态度，每天阅读两页书。当然，对于初中生来说，书的难度会有点儿大，书中会出现不少难以理解的词语和段落，因此我们需要把这些内容重点标记出来，等读完全书以后再重新阅读这些内容。这种阅读方法最好从初一就开始实施。

为高考做准备的语言能力训练法

选择一本成人图书	选择一本孩子感兴趣的知识类图书。
重点理解序言部分	反复阅读或抄写序言，做到完全理解。
阅读正文	每天读一小时，不理解的部分一定要标记出来，并通过网络百科查询不懂的词语和概念。
重新阅读不理解的部分	全部读完后，再次重点阅读不理解的部分。

每天花一小时读两页知识类图书

每天花一小时读两页知识类图书，要抱着“把今天阅读的内容全部变成自己的知识”的态度去读，反复阅读这两页，并在笔记本上做笔记。

使用网络百科

遇到不懂的词语或概念，利用网络百科查询，准确理解和掌握其含义。

第二章

攻克知识类图书的方法近在咫尺

* 孩子的好奇心去哪儿了？
* 不要担心孩子读书“偏食”
* 阅读知识类图书的三个阶段
* 阅读知识类图书的两条原则

阅读知识类图书的方法

学习型头脑读书法 10： 知识类图书强化阅读法

❖ 孩子的好奇心去哪儿了？

前面我们讲过，认真地阅读一本知识类图书对于培养孩子的学习头脑具有巨大的促进作用，但是父母也不能因此而强迫孩子阅读知识类图书。因为阅读兴趣源于孩子的好奇心，如果孩子没有产生好奇心，就不会主动开始阅读，这时无论父母使用什么方法，都不可能让他们发自内心地认真读书。父母的强迫只会让孩子产生逆反心理，从而更加讨厌读书，最终导致阅读教育的失败。

好奇心就像孩子阅读知识类图书的引擎，汽车没有引擎就不能开动，同样，孩子缺乏好奇心，也不可能去阅读知识类图书。从“围棋怎么下”到“蚯蚓为什么没有脚”，再到“机器人如何活动”，无论阅读哪个领域的图书，好奇心都是不可或缺的。当然，缺乏好奇心的孩子也可以阅读文字，但是在这种情况下，孩子就不会积极思考，也就很难获取知识，更无法体会知识类图书的趣味。有些家长喜欢给学龄前儿童和小学生每天规定一定的阅读量，希望大家以后不要再做这种强制孩子阅读的行为，因为这样做不仅得不到任何效果，反而会让孩子更加讨厌读书。

如今大部分孩子都不喜欢阅读知识类图书，这说明孩子们缺乏好奇心。现实情况也确实如此，只要孩子进入校园学习，无论是小学生还是中学生，都普遍缺乏对各种事物的好奇心。韩国的教育体系好像就是专门用来消灭孩子的好奇心的。

事实上，我们通过课堂情况就能够大概了解孩子们的好奇心消失的原因。孩子们在课堂上说得最多的话就是“我知道”，无论是小学生还是中学生都说自己知道，实际上他们知道的内容也确实很多，可是他们往往知其然而不知其所以然，只是一味地把知识储存在头脑中，然后认为自己什么都知道，所以对什么都不好奇。

有些孩子因为怕丢脸，甚至连自己不知道的知识也说知道。面对未知的事物，孩子们非但没有产生应有的好奇心，反而认为伤了自尊心。世界那么大，知识体系更是庞杂无比，但是孩子们却认为自己什么都知道，甚至对未知的知识抱有错误的态度，这是为什么呢？我认为有以下两个原因。

第一个原因是学习开始得太早。幼儿园不教孩子们知识是有原因的，因为他们还没有做好学习和理解知识的准备。孩子年纪越小，理解知识越困难，接受信息的方式也越单一，但是韩国的孩子却通过图书全集来获取科学、历史、社会、政治等领域的知识，结果就是孩子们将原本复杂的知识简单化。在他们看来，“民主”就是自由投票选举，“宇宙大爆炸”就是一声爆炸产生了宇宙。事实上，民主和宇宙大爆炸的概念不是六七岁的孩子能够理解的，如果给孩子们灌输了远超其理解能力的知识，他们就无法思考其中的原因。这导致了他们对知识的探索浅尝辄止，对知识的理解停留在表面。当孩子们不再想要探索知识的来龙去脉时，自然也就失去了好奇心。

第二个原因是父母错误的称赞。听到孩子使用“宇宙大爆炸”“民主”这些词语的时候，父母会误认为这是学习效果的体现，于是便夸赞说：“这个词你都知道？真聪明。”听到父母的称赞，孩子就会相信自己真的很聪明，同时会误认为学习就是记住宇宙大爆炸、民主之类的专业术语，所以他们会一股脑儿地把这些不懂的词语塞进头脑中，这样就能一直得到父母的称赞。重复这个恶性循环的后果就是孩子会陷入一种自己无所不知的错觉，可事实上他们学到的不是知识，而是非常浅显的信息罢了。

芬兰的学校教育是以阅读为基础的，孩子在课程中需要阅读的知识类图书比重非常大。可以说，阅读教育是芬兰教育的核心。韩国学校为什么不能实行阅读教育呢？因为韩国孩子根本读不了知识类图书。与知道很多，但好奇心不足的韩国孩子相比，芬兰孩子虽然知道的信息不多，但好奇心强且热爱阅读，这使得实行阅读教育成为可能。

芬兰学前教育的关键是禁止孩子学习，这一点非常值得重视，因为孩子在这个时期学习不仅会对大脑发育产生不良影响，而且会扼杀其好奇心。学龄前阶段是好奇心的萌芽时期，这时候开始学习会让好奇心提前枯萎。

好奇心和学习具有相反的机制。好奇心不是别人教出来的，父母的提问和引导鲜能激发孩子的好奇心。好奇心是自发产生的，孩子在下雨天发现蚯蚓的时候自然会产生好奇：“蚯蚓是从哪里来的呢？”好奇心是孩子在观察世界的过程中自然而然产生的，而学习却正好相反，学习是依靠外部力量驱动的。

也就是说，好奇心是主动的，而学习是被动的。

从孩子的视角来看，英语是与自己没有任何关系的枯燥知识，可忽然有一天，父母递给他一本英语书，让他坐下来学习英语单词。数学和知识全集也是如此，忽然某一天，父母开始强迫他学习这些跟自己毫不相干的知识。在这个过程中，孩子只能被动地接受和思考这些知识，而这些知识与他的兴趣和爱好可能背道而驰。

产生好奇心时和学习时的思考方向正相反

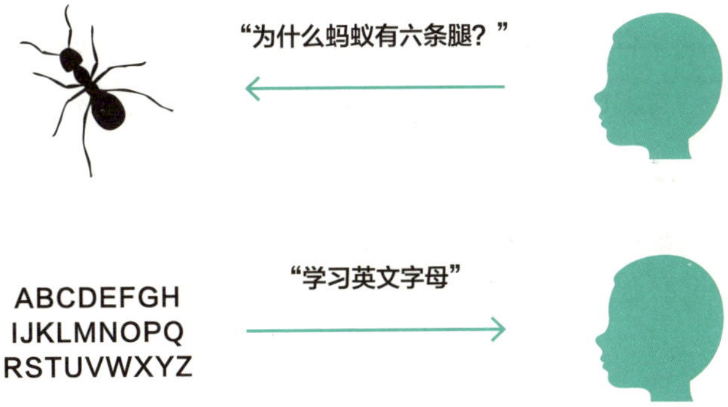

于是，孩子会认为学习只是父母等外部力量的要求，与自己无关。自己不知道为什么要学习，学习自然就成为无趣而痛苦的事情。结果就是孩子转变成被动防御型学习者，只学习规定的内容，好奇心也随之枯萎消散。稚嫩的好奇心萌芽就这样被学习的巨浪连根拔起，除非奇迹出现，否则好奇心很难再生根发芽。芬兰教育部门正是因为深知孩子过早学习的危害，所以才通过制度对此加以禁止。

而且，孩子在婴幼儿时期积累的大部分知识都没有实际用处，虽然当时看起来好像比其他孩子知道得多一些，但长期来看，学习这些知识完全是白费力气。孩子过早学习文字并不能保证其语言能力强，早期英语教育也无法让孩子具备像母语一样的英语水平，很早开始学习数学也并不能保证自己能比别人的数学成绩好。相反，孩子过早学习会抑制大脑边缘系统的发育，并扼杀好奇心。

学龄前儿童的主要任务就是尽情玩耍，游乐场、公园、沙坑、山涧都是孩子认识世界的场所。孩子通过玩耍来观察世界，然后提出与自身水平相符的问题："沙子是什么？""蜗牛有没有骨头？"这些问题都体现了孩子的好奇心。培养孩子的好奇心十分重要，好奇心可以让学习成为游戏，也可以提升孩子的专注力。因此父母不要强迫学龄前的孩子学习，而应该给他充裕的时间去观察世界，提出问题。

"蚂蚁为什么生活在地下？"

如果孩子提出这样的问题，那么父母就可以反问孩子："你觉得呢？"

父母不需要告诉孩子正确答案，而要引导他进行思考。

"因为在土里挖洞比在树上挖洞容易。"孩子给出自己的思考结果。

"哇，真有可能啊，一会儿我们去查查。"

父母先肯定孩子的思考成果，然后和孩子一起去图书馆找相关的图书来读，在书中寻找答案。在这个过程中，孩子会收获两种十分有意义的体验：一是独立提问并寻找答案的学习体验，这种在好奇心驱使下进行的主动学习，可以培养孩子积极正向的思考方式；二是学会利用图书来解决心中的疑惑，随着这种利用知识类图书来解答问题的经验不断增加，孩子产生疑问的时候就会自然而然地在书中寻找答案。所以，父母只需平时给孩子读一些他喜欢的图画书，当孩子提出问题的时候，引导孩子利用其他图书寻找答案，这就是对学龄前儿童最好的教育方式。

❖ 不要担心孩子读书“偏食”

每天给孩子读书的父母会发现一个共同的现象，那就是孩子喜欢反复阅读某些图书。比如每天读 10 本书，其中至少有两三本是前两天已经读过的。像这种反复阅读某些书或者只读某个领域的书的现象，我们称之为读书“偏食”。

我在教育信息网上交流平台上发现，很多父母都对孩子的读书“偏食”现象感到担忧，也尝试了多种多样的解决方法。事实上，父母无须对孩子的读书“偏食”现象过于担心，只要可以实现真正的阅读，不管什么领域的“偏食”都没有坏处，反而应该积极鼓励。当然，有的“偏食”现象是需要纠正的，假如孩子每天只看漫画、拼图书或者充满卡通人物的涂色书，家长就需要对其进行引导和纠正，因为这些并不是真正意义上的阅读。

读书“偏食”意味着孩子喜欢的领域很明确，这种明确的兴趣取向我们称之为个性，个性强的孩子往往都具备某方面的特长。孩子特别热衷于某个领域是件值得庆贺的事情，因为这说明孩子具备了疯狂迷上某个领域的潜力，这样的孩子具有强烈的学习驱动力。

读书“偏食”的孩子往往能够集中精力阅读，假设某个孩子喜欢恐龙，就会主动阅读关于恐龙的图书，有些书一天能够反复看好几遍，甚至连玩具也都是恐龙。这个恐龙小专家正在逐渐成长为娴熟的阅读者，他把各种恐龙的特征、生活年代、地质特征，以及恐龙出现与灭绝的原因等知识联系起来形成内在知识体系，这样的孩子比其他孩子学习成绩好是必然的。可是忽然有一天，家长给他买了一些历史、童话等图书。“不能整天读恐龙的书，阅读范围要越广越好。从今天开始看看这些书，知道了吧？”

在孩子看来，昨天还能津津有味地看自己喜欢的书，今天却突然要开始看自己不感兴趣的书，充满乐趣的阅读体验一下子变成了枯燥乏味的任务。自己无法违抗父母的意愿，只能硬着头皮阅读，虽然不想让父母对自己失望，可是又掩饰不住内心的失落。这样的体验会让孩子产生两种错误想法。一是自己如此热衷探索的恐龙世界原来只是快乐的游戏而已，对自己的成长没有任何帮助。一旦形成这种想法，孩子的好奇心和对知识的热情就会慢慢枯萎，因为当孩子在未来产生新的兴趣点时，同样也会认为它们没有价值。二是把阅读当作学习，读书不再是探索自我兴趣的活动，而成了学校学习的延续，结果导致孩子慢慢远离阅读。

当父母下定决心要让孩子广泛涉猎各类图书的时候，阅读教育就已经注定走向失败。失去了兴趣和好奇心，阅读对孩子来说便没有任何喜悦可言。所以说，纠正孩子阅读“偏食”就相当于阻挡了孩子走向娴熟阅读者的道路。

读书的主导权在孩子，读书“偏食”意味着孩子痴迷于某一个领域，这非但不是什么问题，反而是值得庆幸的好事，父母只要鼓励支持就可以了，这样孩子就会自然而然成为前面所讲的“学科入迷型”阅读者。所以，如果孩子狂热地喜欢某一个领域，请家长们务必支持他。对某种领域的挚爱是天才的特质，阅读这个领域的图书则是对天才特质的完美补充。

读书“偏食”的时期有长有短，但不会一直持续下去，孩子的阅读范围一定会扩展到其他领域，因为知识不是独立存在的，而是相互联系的。只要深入钻研，就会由此及彼，不断扩展。孩子阅读某一类图书的动力是好奇心，而将阅读扩展到其他领域的动力也是好奇心。

例如孩子阅读有关恐龙的书时，自然会感到好奇：“恐龙的体形为什么那么庞大？”“导致恐龙灭绝的小行星来自哪里？”“白垩纪这样的地质时期是怎样区分的？”孩子究竟会被哪个问题吸引，取决于他的兴趣爱好，但无论对哪个问题进行深究，最终都不可避免地会扩展到其他领域。

有些父母担心孩子偏科，于是对孩子的兴趣横加干涉，结果往往会适得其反。泰民的例子就属于这种情况。

泰民从小就梦想成为地质学家。他上小学时曾参观过一次地质博物馆，此后便开始对地质学产生了浓厚的兴趣。一谈起各种岩石，泰民就滔滔不绝，如数家珍，眼睛里闪烁着兴奋的光芒。他的父母却对此十分担忧："孩子小时候喜爱这些也就罢了，如果升入初中以后仍然这样，以后真成了地质学家怎么办？地质学家怎么赚钱呢？"

由于父母不断地说教，地质学家在泰民心里渐渐成了没有前途的职业。突然有一天，泰民开始梦想成为程序员，理由和妈妈说的一样，"地质学家赚不到钱，程序员比较赚钱"。

除了强迫孩子阅读其他图书之外，还有很多行为会扼杀孩子的兴趣，浇灭孩子的阅读热情，比如家长旁敲侧击地让孩子认为自己喜欢的领域没有价值。

转变梦想的泰民逐渐误入歧途，他开始放下书本，没日没夜地玩游戏，学习也开始变得散漫。当然泰民堕落的原因不仅仅是因为放弃了地质学家的梦想，还有家庭不和睦等其他因素，但不可否认的是，失去梦想是其中最重要的一个原因。就这样，成绩从来没有跌出过全校前十名的泰民开始变得意志消沉，精神倦怠。

"我也不清楚学习到底有什么用，我只想做自己感兴趣的事情。"

泰民最终失去了学习的动力。

非洲草原的各种动物都有自己擅长的技能，大猩猩擅长攀缘，狮子擅长狩猎。孩子也是如此，有的孩子天生就是创业家，有的孩子则具备成为教师或学者的潜力。让大猩猩去狩猎，让狮子去攀缘都是不可能的事情，同样，把父母的梦想强加给孩子也是行不通的。教育的关键就是发现并挖掘孩子的天赋，对于大部分孩子，我们很难发现他们的天赋，但是读书“偏食”的孩子的天赋却十分明显，比如像泰民这样的孩子喜欢地质学，说明那就是他的天赋所在，父母要做的就是不断地支持和鼓励他，最大限度地发挥他的天赋。

❖ 阅读知识类图书的三个阶段

好奇心萌芽于学龄前儿童时期，这就意味着让不喜欢知识类图书的小学生或中学生凭借好奇心驱使去读书已经不太可行了。对他们来说，暂时放弃知识类图书，转而阅读故事书反而是更现实的方法。如果一定要让他们读知识类图书，则需要周密而具体的长期计划。接下来我就介绍一下这个计划，其中都是一些众所周知且简单易学的措施，只要坚持执行，就一定会有效果。

第一阶段：培养语言能力

首先要确认孩子能否阅读知识类图书。要阅读知识类图书，至少要达到自己年龄段的语言能力。比如小学高年级的孩子要能够很好地阅读并理解长篇童话，长篇童话都读不懂的孩子读知识类图书，就好像不会走路就开始跑步一样，是非常不明智的，他们很容易因此而厌恶阅读。

如果孩子是读书新手，就要通过阅读故事书进行充分的阅读训练。最少读一年以上的故事书，以达到正常的语言能力，这是阅读知识类图书的基本条件。

第二阶段：充分沟通

如果孩子阅读了一定数量的故事书，拥有正常的语言能力，就具备了阅读知识类图书的基本条件。这时父母就要和孩子充分沟通，给孩子解释阅读知识类图书的必要性，然后听取孩子对知识类图书的看法以及感兴趣的领域等。

其实让小学高年级的孩子理解阅读知识类图书的必要性很难，因为有的孩子会认为自己现在的学习成绩还不错，感受不到阅读知识类图书的迫切性，有的孩子会觉得自己的学习量已经够多了，没必要再花时间读课外书。对于这些孩子，父母需要准备一些能让他们心动的“甜枣”，例如减少孩子不喜欢的课外辅导课、保证孩子的玩耍时间等，用这些条件跟孩子谈判。任何谈判的基础都是“给予和获得”，所以父母在引导孩子阅读知识类图书的同时，要想好什么样的条件才能打动孩子，然后再开始谈判。

第三阶段：从简单的书开始

我既是一名教孩子阅读的讲师，又是一名儿童作家，这种双重身份使我发现一种现象：孩子实际能阅读的知识类图书和书上标记的适读年龄不一致。例如适读年龄为小学三四年级的知识类图书，小学三四年级的孩子读起来却很困难，小学五六年级学生能勉强读下来就不错了，适读年龄为小学五六年级的知识类图书也是如此，五六年级的学生很难阅读下去。这种现象是普遍存在的，因为知识类图书比故事书读起来更难，而出版社一般是根据故事书的篇幅来设定图书的适读年龄的，比如小学三四年级阅读的故事书大概是100~150页，那么知识类图书也是100~150页。这就导致虽然适读年龄相同，但知识类图书比故事书的阅读难度要大很多。

因此对于故事书，孩子可以参考适读年龄进行阅读，但对于知识类图书，最好读比适读年龄低一点儿的，比如五六年级的孩子可以读三四年级的书，三四年级的孩子可以读一二年级甚至儿童知识全集。孩子阅读知识类图书的第一个目标就是训练处理知识的能力，书越简单，越容易坚持下去。

需要注意的是，一定要阅读单纯讲解知识的图书，而不是通过故事或漫画来讲解知识的图书。

附加知识：儿童知识全集的使用方法

即将进入高中的初三学生的家长们经常问我这样的问题："孩子的英语和数学成绩不错，但是缺乏常识，进入高中能跟上吗？"

每次我都会对家长说同样的话："可以让孩子从图书馆的儿童阅览室借一些知识全集来阅读，高中教材所需的全部常识里边都有。"

向初三的学生推荐儿童知识全集，虽然听起来很奇怪，却非常有效。事实上，短时间内积累常识的最有效方法就是阅读儿童知识全集。

儿童知识全集的内容十分全面，这类书一般是为了让孩子能够顺利实现幼小衔接，因此涵盖了小学课程的大部分知识，只不过是以核心概念为主，将信息加以简练而已。这些核心概念在初中和高中的课程中也属于基础知识，孩子只有准确地掌握它们，才能轻松地学习和理解新知识。另外，认真阅读儿童知识全集还可以培养孩子的概念理解能力，因为内容简单，基础薄弱的初中生可以毫不费力地锻炼自己的理解能力。

图书馆有很多种儿童知识全集，我们一定要选择以概念说明为主的非故事类全集（历史领域的全集除外），因为故事类知识全集会把知识根据低龄儿童的水平融合到故事中，而这些简单幼稚的故事往往对初三学生来说没有什么吸引力。

这类知识全集的分册一般内容都很少，初中生用一二十分钟就可以读完一本，这样就能够快速把握该领域的核心知识，例如读完几十本历史全集，孩子的历史知识就会有很大提升，同时知识处理能力也会有所改善，这时候再让他读难度稍大的历史书籍就会轻松一些。

❖ 阅读知识类图书的两条原则

阅读知识类图书和阅读故事书的方法不同。阅读童话或青少年小说时，我们只要沉浸在主人公的情感世界中，就可以充分理解书的内容并体会到其中的乐趣，但是知识类图书则不同，如果我们像阅读故事书一样读知识类图书，知识就会在头脑中乱作一团，从头读到尾也搞不清楚书中到底在说些什么。

阅读知识类图书有两条原则。第一条是认真阅读并准确理解书的序言部分。故事书的第一段往往会涵盖故事的精髓和很多要素，因此抄写故事书的第一段有助于孩子理解故事内容。而知识类图书的主题、主要知识点以及写作思路都涵盖在序言中，作者一般都会在序言中详细介绍写作的原因、思路和每章的内容概况，相当于把书的整体逻辑结构全部展示给读者。可以说序言就是一本知识类图书的地图，阅读正文之前先读懂序言，就像旅行之前先把地图记在头脑中一样。娴熟的阅读者都是以这种方法进行阅读的，第一次阅读知识类图书的孩子自然也应该按照这种方法阅读。如果孩子的阅读理解能力较差，那么最好的办法就是将知识类图书的序言抄写一遍。

第二条是用铅笔在核心句子和不理解的内容下面画线，并在空白处写下段落主旨。对于阅读新手来说，由于不熟悉知识类图书的逻辑展开方式，因此光画线还不够，还要划分段落，并总结段落大意。下面我们以美国作家比尔·布莱森的《万物简史》中第一章《如何营造一个宇宙》为例进行说明。

> 无论怎么努力，你都永远也想象不出质子有多么微小，占有多么小的空间。它实在太小了。
>
> 质子是原子极其微小的组成部分，而原子本身当然也小不可言。质子小到什么程度？像字母“i”上的点这样大小的一滴墨水，就可以拥有约莫5000亿

个质子，说得更确切一点儿，要比组成 1.5 万年的秒数还多。因此，起码可以说，质子是极其微小的。

先读第一段，然后把不理解的词语、概念或者句子用铅笔画出来。这里需要注意的是，大概了解并不是真正理解，虽然听过但不明白其准确含义的词语也要做上标记，例如“质子”这样的词。然后把第一段的核心内容“质子非常小”写在书的空白处。接着用同样的方法读第二段，如果没有不理解的词语和概念，也可以不做标记，最后把第二段的核心内容“再次强调质子非常小”写在空白处。按照同样的方法一直读下去。

这样读完一小节后，回过头来重新浏览一遍前面读过的内容，再用眼睛扫视一遍总结的段落大意“质子非常小”和“再次强调质子非常小”，就可以快速了解文章的逻辑结构。

在这个阶段，我们不用去查询文中不理解的词语、概念和句子。如果某个词语实在妨碍我们理解段落的核心内容，非弄清楚不可，那么可以在网络百科中简单查询一下，然后就继续阅读下一段。这样做的理由有两个：一是为了不让孩子对阅读产生反感，因为查询词语会导致阅读中断，从而影响阅读的乐趣；二是孩子在后续的阅读过程中可能会逐渐理解这些词语或概念。因此，最好等读完全书后，再重新回顾一下标记的内容，如果此时还有不理解的词语或概念，再查询也不迟。

这样按照段落阅读理解是阅读知识类图书的基本方法。只要按照这种方法读一本书，就可以有效提高学习效率，提升社会、科学等学科成绩。孩子在阅读过程中理解了核心内容，头脑中的常识自然也会增加，因此读两三本书后，就可以获得出色的信息处理能力和丰富的知识。如果使用这种方式再多读几本书，那么孩子即使不用刻意去记忆内容，大脑也会自动对其进行整理，因为随着阅读能力的提升，孩子在阅读过程中就能够自然而然地将书中知识内化于心。

这种方式不适用于学龄前儿童和小学生，只适用于初中以上的学生。因为对学龄前儿童和小学生来说，培养阅读兴趣才是重中之重，如果按照这种方式阅读，他们多半会失去阅读的兴趣。因此，至少要等孩子具备一定的阅读基础以后才能使用这种方法。特别是对于校内考试成绩总是原地踏步的学生，这种方法的效果更加明显，坚持按照这种方法阅读，孩子的成绩必然会取得进步。

阅读知识类图书的方法

像阅读故事书那样去读知识类图书，是不会取得任何效果的，这样既理解不了书中的知识，也培养不出处理知识的能力。要想娴熟地阅读知识类图书，就必须进行专门的阅读训练。

初级阅读者的知识类图书阅读法

1. 手拿铅笔阅读	用铅笔标记重点词句和不理解的词句，在书的空白处总结核心内容，并记录感兴趣的内容。
2. 精读三遍序言	第一遍：边阅读边标记。 第二遍：使用网络百科查询不理解的词语或概念。 第三遍：重新精读一遍。
3. 分成小单元阅读	采用“1. 手拿铅笔阅读”的方式精读一个小单元。
4. 读到最后	按照上述方法读完全书，如果还有不理解的词语或概念，可通过网络百科进行查询。

并不需要用上面的方法阅读几十本知识类图书，孩子只需要认真阅读 3 本书，就可以成为娴熟的知识类图书阅读者。当孩子成为娴熟的阅读者之后，就可以轻松地阅读各种知识类书籍，阅读教材就更不在话下了。

娴熟阅读者的知识类图书阅读法

1. 读第一本书	去书店或图书馆选择一本自己感兴趣的知识类图书，按照初级阅读者阅读知识类图书的方法进行阅读。

续表

2. 读第二本书	选择一本与前面所读之书领域相同或相关的图书，按照初级阅读者阅读知识类图书的方法进行阅读。
3. 娴熟阅读者的阅读方式	再选择一本相同领域的图书，精读两遍序言。 一边阅读一边用铅笔标记不理解的概念和词句，重点标注核心句子，以此方式一直读到结尾。 读完以后将标记的部分浏览一遍，在头脑中进行整理。
4. 读其他领域的书	选择不同领域的书，采用“3. 娴熟阅读者的阅读方式”进行阅读，读一遍就可以把握书的内容。

学习型头脑读书法 10：知识类图书强化阅读法

（适用对象：中学生）

孩子平时可以用前面提到的方法认真阅读知识类图书以提高自身的语言能力，等到考试前两三周再开始集中复习学校课程。因为这种强化阅读法可以让孩子具备相当于成人的语言能力，所以即使只用两三周的时间学习也可以取得不错的成绩。

一学期读书计划

新学期开始至期中考试前的两三周	阅读一本成人知识类图书	先精读序言，然后对全书进行分析式阅读。
期中考试前的两三周至期中考试	准备考试	期中考试前的两三周集中精力复习学校课程。

续表

期中考试后至期末考试前的两三周	阅读一本成人知识类图书	先精读序言，然后对全书进行分析式阅读。
期末考试前的两三周至期末考试	准备考试	期末考试前的两三周集中精力复习学校课程。

认真阅读知识类图书 → **提高学习能力**

平时通过阅读知识类图书来提升孩子的语言能力。选择图书的时候，不需要考虑与教材的相关性，让孩子选择自己感兴趣的书即可。阅读知识类图书的好处是，只要充分理解书的内容，就可以实现语言能力的飞跃。

考试前的两三周时间集中精力复习学校课程。因为孩子已经通过阅读知识类图书提升了语言能力，所以备考工作可以在短时间内高效完成。随着学习效率的提高，孩子对学习不再畏惧，可以轻松地集中精力进行备考，并取得不错的成绩。

第三章

有效提高语言能力的特殊阅读法

* 避免失败的两点事项
* 慢读：细细品读，不断提问
* 反复阅读：先贤大儒爱用的读书法
* 抄写：好记性不如烂笔头
* 摘要笔记：绘制自己的知识地图

学习型头脑读书法 11： 一年读一本书的慢读训练法
学习型头脑读书法 12： 一本书读三遍的反复阅读法
学习型头脑读书法 13： 一年抄一本书的抄写阅读法
学习型头脑读书法 14： 培养知识归纳力的摘要阅读法
找到适合孩子的学习型头脑读书法
量身打造阅读计划

❖ 避免失败的两点事项

下面来介绍一些有效提高语言能力的特殊方法。当孩子意识到语言能力的重要性，或者需要在一年内迅速提高语言能力的时候，就可以使用这些方法。

与本书中介绍的大部分读书方法一样，本章介绍的方法并不是我的新发明，而是有史以来经过众多人士实践积累并验证有效的方法，可以说是全人类读书智慧的结晶，也是我在教育过程中经常使用的方法，因此大家可以放心使用。

首先有两点注意事项需要说明在前。第一，和阅读知识类图书一样，父母不能强迫孩子使用这些方法，因为强迫很难取得效果，反而会产生副作用。父母需要做的就是向孩子介绍这些方法，如果孩子同意采用其中一个方法，父母就要协助和监督孩子。这一章提到的方法都是长期项目，需要每天规定时间完成，因此孩子需要父母的帮助，比如父母要给孩子留出充足的时间去执行这些读书方法，要关注孩子当天阅读的情况，并在合适的时候给予孩子适当的奖励等。

第二，这些方法大多适用于中学生，生理特征决定了小学生很难使用这些方法，即使强行使用，也会承受极大的压力。同样，如果孩子的语言能力低于应有水平，也不能使用这些方法。对于阅读自己年龄段的书都感到困难的孩子来说，这些读书法就是难以承受的痛苦，当阅读成为压力的时候，阅读教育基本就算失败了。请大家务必记住这一点。

接下来介绍的读书方法可以帮助孩子在阅读过程中进行深度思考，其效果十分明显，只要坚持3个月，就可以实现语言能力和学习成绩的双重提升，如果坚持几年，高考也一定会取得不错的成绩。长此以往，即使成不了所谓的成功人士，至少也能成为意见领袖。虽然这些方法都需要长期坚持，但所有付出都是值得的。

❖ 慢读：细细品读，不断提问

我之所以对慢读产生兴趣，是因为我发现喜欢速读的孩子读得越快，阅读的效果越差。于是我想，如果反其道而行之，即放慢阅读速度，反复咀嚼书中内容，孩子的语言能力应该会提升很快。我相信这种理论是正确的，但是慢读在课堂实践中却很难应用，因此当时除了强调慢读的好处以外，我也做不了什么。有一天，我读到了日本滩校教师桥本武的《慢读》这本书，他把细细品读这种读书方法运用在教育领域，取得了巨大成功，而且效果要比我预想得更好。

滩校（初高中一贯制中学）原本是日本神户市一所不起眼的私立学校，在校的学生都是一些喜欢打架斗殴的野蛮孩子，可是这所规模很小的学校却在一夜之间成为名誉全国的名校，因为该校考入东京大学的学生最多，而且不只这一年，随后的第二年和第三年也一直维持着同样的成绩。这件事在当时的日本教育界轰动一时，众多媒体前来这所中学采访，大家由此才了解到这所学校不同寻常的教育方法，那就是桥本武老师独特的语文教学法。

桥本武老师的语文课是打破常规的，他不按照教材上课，而是通过日本作家中勘助的小说《银汤匙》来进行中学三年的语文教学。其授课方式是把书分成很多小节，每次上课前读一小节，这种方法能够让不喜欢读书的孩子也参与进来。把一本小说分成很多小节，每周要读的量很少，因此学生们没有阅读负担。桥本武老师在课堂上一句一句地分析、讨论，从最细微的表达方式到出场人物的心理状态、性格特点以及小说中出现的风俗习惯等，像抓虱子一样无一遗漏，他甚至还会在课堂上邀请学生品尝小说中出现的食物。

以这样缓慢的速度阅读一本小说能够产生非常良好的效果，这种深入式阅读可以实现阅读质量的飞跃。久而久之，学生们在读其他书的时候也会深入思考小说中的各种要素。除了《银汤匙》以外，桥本武老师还会鼓励学生每个月自由阅读一本书，以此来提高自身的语言能力。他的很多学生正是凭借出众的语言能力考入名校，成为高级公务员、著名文学家、大学校长、政治家和大企业的高管等。

从 2018 年起，韩国开始实行全国中小学生每学期读一本书的活动，可见教育部门也在大力提倡慢读的阅读方法。当然，孩子在实践这种方法的初期会遇到各种问题，但只要铭记一点，就可以取得比参加任何阅读课程都要好的效果。这一点很简单，就是对书中的内容多问为什么。

关于词语和句子的问题，我会在后面的抄写一节中详细讨论，这里先来了解一下有关主题的问题。前面提到过，小说一般都会有一条或多条故事线，这是最基本的情节。情节不只用于展开故事，更起到揭示全书主题的作用。童话和青少年小说很容易找到主题，但是成人阅读的小说和古典名著的主题则隐藏得很深，因此只读字面意思是不能完全理解作品含义的。

例如《小王子》从表面上看讲述的是“生活在 B-612 号行星上的小王子离开挑剔苛刻的玫瑰花去其他星球游历，最终来到地球又重新返回自己星球”的故事，虽然书中充满了童话般美好的景象，但是仅就情节而言，不免有些简单无聊。为了掌握这个故事的精髓，我们需要一边阅读一边问为什么。

第一个问题是“故事是怎样开始的”。作家一般会对文章的开端倾注很多心血，这就意味着全书前几个段落往往蕴含着故事的核心或者接近核心的话题，作者在这里给读者预告“从现在开始，我要开始讲这个故事了”。如果读者能够很好地理解这个预告，就读懂了书的一半。因此我们在读完小说开头几段后，需要停下来好好思考一下。以《小王子》为例，开始的内容是这样的：

我小的时候，对丛林中的奇遇想得很多，于是，我也用彩色铅笔画出了我的第一幅图画，我的第一号作品。它是这样的……

我把我的这幅杰作拿给大人看，我问他们我的画是不是令他们害怕。

他们回答我说："一顶帽子有什么可怕的？"

我画的不是一顶帽子，是一条巨蟒正在消化一头大象……

在六岁那年，我就放弃了当画家这一美好的职业。

如果我们只按字面意思来理解，就会觉得这本书既奇怪又无聊，题目是"小王子"，可是没有提到一句小王子，也预测不到后面会发生什么，只知道书中的叙述者"放弃了当画家的梦想"。

但是我们知道，开始的段落一般蕴含着故事的核心主题。如果我们带着这样的想法去阅读和思考就会发现，这里表达的是儿童和成年人对于事物看法的差别。作家通过这些段落告诉读者，这本书讲述的是所有人都曾经拥有，长大后却丢失的童年梦想，这是一个属于我们每个人的故事。理解了这些以后，我们接着读后面的部分。

后来，我只好选择了另外一个职业，我学会了开飞机，世界各地差不多都飞到过……

第一天晚上我就睡在这远离人间烟火的大沙漠上。我比大海中浮在小木排上的遇难者还要孤独得多。而在第二天拂晓，当一个奇怪的声音叫醒我的时候，你们可以想见我当时是多么吃惊。这小小的声音说道：

“请你给我画一只绵羊，好吗？”

“啊？”

“给我画一只绵羊……”

我像是受到惊雷轰击一般，一下子就站立起来。我使劲地揉了揉眼睛，仔细地看了看。我看见一个十分奇怪的小家伙严肃地朝我凝眸望着。这是后来我给他画出来的最好的一幅画像。可是他却不慌不忙地好像有一件重要的事一般，对我重复地说道：

“请……给我画一只绵羊……”

“这只羊已经病得很重了。请给我重新画一只。”

我又画了起来。

我的这位朋友天真地笑了，并且客气地拒绝道：“你看，你画的不是绵羊，而是头山羊，还有犄角呢。”

于是我又重新画了一张。

这幅画同前几幅一样又被他拒绝了。

“这只羊太老了。我想要一只能活得长久的绵羊。”

我不耐烦了。因为我急于要检修发动机，于是就草草画了这张画，并且匆匆地对他说道：

“这是一只箱子，你要的绵羊就在里面。”

这时，我十分惊奇地看到我的这位小鉴赏家喜笑颜开。

“作者为什么要写这个段落呢？”我们除了问这个问题以外，还需要思索书中人物的职业及事件发生的地点。“为什么叙述者是飞行员？”“为什么事情发生在沙漠？”自古以来，在天空中自由翱翔一直是人类的梦想。“我”被现实缚住了手脚，因此选择了可以短暂摆脱地球引力，可以暂时继续梦想的飞行员职业，这说明“我”是一个虽然表面屈从于成人世界，但内心仍然充满梦想和叛逆的浪漫人物。

成为飞行员的“我”降落到沙漠的时候遇到了小王子，沙漠与外界隔绝，放眼望去只有沙子，在这里能遇到谁？唯一能遇到的人就是自己。沙漠中遇到的小王子其实就是飞行员自己，不是现实生活中的“我”，而是藏在内心深处的真正的我，那个可以画出“吞掉大象的巨蟒”的儿时的我。

小王子让“我”画画，小王子想要的当然是如“吞掉大象的巨蟒”这样的画，但是已经成为大人的“我”却画出了世人眼里的羊，直到“我”画出箱子里的羊时，小王子才最终满意。画出肉眼所看不到的事物正是“我”儿时的内心想法，这个儿时的“我”就是小王子。

现在理解《小王子》的真正内涵了吧？这样你就已经做好了独立阅读的准备。

慢读就是像这样带着问题去读，而且要一边读一边停下来思考。好的慢读始于好的问题。

“故事是怎么开始的？”

“这个人为什么选择这个职业？”

这种提出问题并寻找答案的过程可以使孩子的想象力、思考力、语言能力以及理解他人和世界的能力获得爆炸式提升。

学习型头脑读书法 11：一年读一本书的慢读训练法

（适用对象：中学生）

慢读就好像是在解剖一部作品，读完一句话后深入思考，然后再读下一句。慢读的核心是从各种角度仔细阅读和思考作品，因此应该选择内涵丰富、适合深入思考的古典名著。慢读有助于提升孩子阅读和鉴赏文学作品的能力，我们建议孩子在慢读的间隙再阅读一些相对简单的青少年小说，这样既可以缓解阅读疲劳，又可以为阅读能力打下坚实的基础。

慢读训练法

选择图书	选择一本孩子感兴趣的古典名著。
读第一章	精读故事的第一章。
认真思考所有要素	重新阅读第一章，认真思考故事的主人公、背景、事件、表达方式等全部要素。如果有不懂的词语或概念，可以查询网络百科。
读第二章	彻底理解第一章以后，开始阅读第二章。

慢读
古典名著

→

每月读一本
青少年小说

↓

古典名著内涵丰富，其中的很多地方都需要读者认真思考，因此非常适合慢读。在慢读古典名著的过程中，要仔细揣摩书中的所有要素。

↓

可以在阅读古典名著的间隙，阅读一些相对轻松的青少年小说，这样不仅有助于缓解阅读疲劳，而且通过慢读古典名著得到提升的语言能力也可以在阅读青少年小说的过程中进一步得到巩固。

❖ 反复阅读：先贤大儒爱用的读书法

慢读法是通过逐字逐句地阅读和分析来最大限度地提高阅读质量，而反复阅读则是通过反复读同一本书来最大限度地提高阅读效果。德国数学家、哲学家戈特弗里德·莱布尼茨认为反复阅读是培养天才的方法，这种方法也被称为“莱布尼茨读书法”，它是人们在很早以前就广泛使用的方法。

很多古代先贤都喜欢使用反复阅读的方法，比如将《论语》《中庸》《大学》《孟子》通读九遍的朝鲜王朝哲学家李珥，为了读懂《周易》而“韦编三绝”的孔子……这种例子不胜枚举。总而言之，反复阅读是一种经过很多人实践和检验的读书方法，其良好的效果毋庸置疑。

曾经有 7 名小学五年级的孩子一起来找我，其中有 2 名女孩子。他们是从小一起长大的朋友，学习成绩都很不错，其中善喜尤其出色，她的平均分在98分以上。善喜是一个富有主见、好胜心强的孩子，听我说速读不好后，她第一个站出来询问原因并表达自己的不同意见。我给这 7 名孩子进行了语言能力测试，结果善喜是 42 分，在 7 个孩子中倒数第二。拿到自己的测试结果后，善喜独自来找我。

“老师，怎样才能提升语言能力呢？”

善喜紧咬着牙，眼泪在眼眶里打转，她的自尊心受到了伤害。我给她介绍了慢读的方法，让她把阅读速度尽量放慢，每句话都要仔细品读，阅读一本童话书至少要花 3 个小时。

“我本想慢慢读，可就是做不到，即使把阅读速度降到最低，读完也用不了一个小时。”善喜有些难堪地说道。

看来虽然她当时在我面前坚持说速读效果很好，但还是回家偷偷尝试了慢读的方法。其实有速读习惯的孩子很难学会慢读，因为已经习惯了快速阅读，一时很难将阅读速度降下来。

于是我告诉了她第二个方法，选择一本小说，每周读一遍，反复读 3 遍，但是每一遍至少花一小时读完，读第二遍、第三遍的时候，也不能快读。这样坚持阅读 6 个月，就能有效提高语言能力。

阅读效果取决于阅读过程中深入思考的程度。如果孩子在阅读的时候进行了深度思考，那么不仅能够理解和把握书中的信息、逻辑以及作者的意图，还能获得其他意想不到的收获。相反，如果只是走马观花地读一遍，甚至连基本的故事情节都没有记住，那么在阅读过程中进行的思考就十分局限，这样即使读再多书也没什么用处。无论地下的煤炭储量有多大，如果不深入挖掘，就无法开采出煤炭。同样，浅尝辄止地阅读书籍是没有效果的。

像善喜这种习惯于浅尝辄止式阅读的孩子往往难以做到深入思考，而让他们学会深入思考的最好方法就是反复阅读同一本书。不需要特别指导，反复阅读本身就可以让孩子自然而然地深入思考。

因此，我总是跟我的学生们强调反复阅读的重要性，可很少有学生能够做到，因为反复阅读是件费时费力的事情。好在善喜做到了，她坚持每本书至少读 3 遍，并且持续阅读 6 个月。一个学生有没有阅读 3 遍，通过上课就能够很容易看出来。读了 3 遍的孩子对图书的内容了如指掌，故事情节自不用说，就连书中的有些对话都可以复述下来。

6 个月后，当我再次对学生进行语言能力测试时，我已经确信善喜可以取得很好的分数，因为我深知反复阅读的效果。最终善喜考了 87 分，一下子提升了 45 分，这相当于初中三年级的语言能力水平。

“真了不起！”

我拍了拍她的肩膀。我之所以觉得她很了不起，不是因为她一下子提升了 45 分，毕竟任何人坚持反复阅读都可以取得这样的效果。善喜最了不起的地方是她能够坚持不懈地认真贯彻反复阅读这种读书方法，这种毅力是难能可贵的。

每本书读 3 遍，坚持 6 个月就可以让一个五年级水平的孩子一下子提升到初三水平，如果坚持一两年会怎样呢?

反复阅读同一本书并不容易，但是只要坚持下去，就可以获得意想不到的效果。

学习型头脑读书法 12：一本书读三遍的反复阅读法

（适用对象：小学生和中学生）

小学高年级学生每周读一本长篇童话，中学生每两周读一本青少年小说，每本书都要阅读 3 遍。一般来说，这样每周的阅读时间为 9 小时左右。需要注意的是，每次阅读的速度要保持一致。以同样的速度反复阅读，孩子不仅会对故事情节了然于心，而且会注意到故事中的很多细节，比如人物服饰的颜色等。小学高年级学生通过这种训练，一年后就可以达到高中生的阅读水平。

反复阅读法

	小学高年级学生	中学生
读第一遍	用两天时间阅读一本长篇童话。	用四天时间阅读一本青少年小说。
读第二遍	用两天时间再读一遍。	用四天时间再读一遍。
读第三遍	再用两天时间读第三遍。	再用四天时间读第三遍。
检查	看着目录回想内容。	

反复阅读
3 遍

回想内容

在反复阅读的过程中，阅读速度不能加快，每次都要以相同的速度阅读。

回想一下之前阅读时产生的思考和疑虑，这样既可以深入揣摩人物情感，也可以更加透彻地理解故事情节，还可以捕捉一些以往阅读时忽略的细节和铺垫。

❖ 抄写：好记性不如烂笔头

据说朝鲜世宗李祹学识超群，他在二十几岁的时候学问就已经超过了很多博学名士。用现在的例子来说，这就好比大学一年级学生的学问超越大学教授一样。

世宗大王之所以能在弱冠之年就拥有渊博的学识，是因为他采用了反复阅读、反复抄写的读书方法。想要把书的内容记在头脑中，抄写是最有效的方法。很多大学者都凭借这种方法在学术上取得了不凡的成就，英国天才政治家约翰·斯图尔特、伟大的科学家牛顿以及德国哲学家尼采都喜欢采用这种方法。

抄写兼具慢读和反复阅读的长处，是最佳的阅读方法，效果也最为显著。抄写时，保持积极端正的心态十分重要。机械地抄写是没有效果的，要带着彻底理解文章含义、把握作者意图的心态抄写，才能取得最佳效果。以抄写韩国作家具并模的《魔法面包店》为例，这本青少年小说是以魔法面包店为背景展开的故事，其第一句话是“中火熬煮的砂糖散发出一股甜甜的焦糖味”。

因为孩子已经读过全书，所以他可以很容易地知道这里描述的是面包在烤制过程中所散发的味道。为了理解作家的意图，读者需要问自己：“为什么要以这句话作为全书的开端呢？”小说的第一句话决定着读者的第一印象，因此作家会倾尽全力地选出最合适的句子。

对于这个问题，孩子们会给出各种各样的答案：“为了表明这是关于面包店的故事。”“为了用甜蜜的味道吸引读者。”孩子们能做到这一点就已经很优秀了，但是还可以更进一步，从主题层面来理解第一句话。“这个故事的主题是探讨人类的欲望。砂糖的味道甜甜的，很有诱惑力，但是大量摄入会伤害身体，它和欲望具有相似之处。作家是想通过砂糖的味道来揭示欲望的特征。”还可以从题目来理解这句话，砂糖受热熔化是从固体变成液体的过程，这个过程中散发出固体所不具备的香甜味道，即“变化后具有了以前没有的特征”，这和魔法一脉相承。因此，第一句话在解释主题的同时，也渲染了魔法的氛围。

通过第一句话，读者就可以思考很多内容。按照这样的方式一句一句地抄写下去，就可以完成非常细致的阅读。

中火熬煮的砂糖散发出一股甜甜的焦糖味。

闻到这种香甜的味道，一种身临其境的感觉油然而生。刚刚揉过的用富含麸质的中筋面粉和成的弹性面团，平底锅上的黄油因受热熔化而产生的浓密气泡，覆盖在咖啡液面上那层厚厚的奶油所堆积出的波浪纹理……每当我站在那家面包店的门前，似乎都能想象出酵母在发酵时那活泼雀跃的样子，也能分辨出新出炉的蛋挞上放的是无花果酱还是杏子酱。

抄写过程中，把不理解的词语和概念标识出来，例如“麸质”“中筋面粉”“酵母”这样的词语，以及“面包的制作过程”“黄油和淡奶油的制作过程”这样的概念，等到抄写结束后，在网络百科中查询一遍。抄写一段后，一定要从头到尾再读一遍，充分理解段落的作用和核心主题。

第二段是在描写制作面包的过程，但并不是实际的制作过程，而是叙述者在闻到面包店里散发的味道后展开的联想。第二段紧承第一段的内容，揭示出“味道是从面包店里散发出来的”这一信息。

抄写有助于孩子深入理解书中的各种元素。抄写一页至少需要 40~50 分钟，而且精神要保持高度集中，这一过程可以使孩子的阅读理解力、思考力、逻辑推理能力、语言表达能力以及揣摩人物心理的能力快速提升，孩子自然也能更好地理解句子与句子、段落与段落的关系。同时，查询书中出现的陌生词语和概念不仅能够增加孩子的知识积累，而且有助于孩子准确地理解和记忆故事内容。

文学名著中的每个句子和段落都有着深刻的含义，孩子通过认真抄写和思考可以最大限度地挖掘其中的内涵。日本小说家丸山健二认为人类历史上最杰出的小说是赫尔曼·梅尔维尔的《白鲸》，这是一部描写人类与庞然大物面对面战斗的悲剧作品。

叫我以实玛利吧！

这是这本小说的第一句话，乍看起来只是为了告诉读者叙述者的名字，但是第一句话往往十分重要，也就是说，除了介绍叙述者的名字以外，这句话一定还蕴藏着更深刻的含义。我们带着这个疑问再来读这句话，就会发现奇妙之处。如果只是为了介绍叙述者的名字，“我叫以实玛利”这样的表达显然要更加自然，那么为什么赫尔曼会用“叫我以实玛利吧！”这种表达方式呢？以实玛利到底是谁？为什么他要用这个名字称呼自己呢？

在网络百科中很容易就能查到以实玛利，他是《圣经》中的人物。犹太民族的祖先亚伯拉罕的妻子撒拉起初不能生育，于是他又娶婢女夏甲生下一子，取名以实玛利。亚伯拉罕本想把以实玛利培养成犹太民族的继承人，但是撒拉年老后生了儿子以撒，因此以实玛利遭到放逐。在基督教文化中，以实玛利就是“被放逐者”的代名词，“叫我以实玛利吧！”这句话就如同“叫我被放逐者吧！”，这揭示了本小说是以基督教世界观为背景的。

故事中的以实玛利是白鲸战斗中的唯一幸存者，他在与白鲸的最后决战中没有死亡，就好像被放逐了一样，这也正是把握小说主题的最重要线索。

抄写有助于孩子更深刻地理解内容，由此培养起来的理解能力能够在学习中发挥巨大作用。不仅如此，抄写还可以积累与作品相关的知识，起到和阅读知识类图书一样的效果。

每次以这种方式抄写一段、一章、一本的时候，孩子的智力都会得到极大提升。

用眼睛看书的时候，孩子往往会一扫而过，根本不会发现某些句子的重要性，但如果仔细抄写一本书，孩子就会知道一句话在整个文章中具有多么重要的意义。如果孩子能够领悟到这一点，自然会对文章的理解更加深刻。认真抄写一本书的孩子往往都能理解书的深层含义，而且只读一本书就可以大幅提高自身的语言能力。甚至可以说，孩子只要认真抄写并仔细钻研一本书，就能轻松具备超越常人的语言能力。

学习型头脑读书法 13：一年抄一本书的抄写阅读法

（适用对象：中学生）

与抄写小说开头部分的“学习型头脑读书法 3”不同，这是抄写全书的阅读法。知识类图书、小说都可以，最好是经典名著，从周一到周五每天抄两页，每次需要 40 分钟到一个小时，平时喜欢读书的孩子每周还可以再多读一本小说。具有两年阅读经验的孩子从小学六年级开始就可以尝试抄写全书的阅读法，效果会非常明显，一个月后孩子就可以轻松理解初中教材。需要注意的是，孩子抄写完成后，父母最好花一些时间和孩子讨论一下抄写的内容。

抄写阅读法

告知抄写原则	每周 5 天，每天抄写两页。 将不认识的词语、不理解的句子或概念标记出来。 规定抄写时间段。
抄写	给孩子一小时的时间抄写。
抄写后进行讨论	父母和孩子讨论抄写的内容。 展开自由对话即可，比如书的难度如何，有没有不理解的句子和段落，感到吃力的部分以及有趣的情节等。
父母伴读	父母和孩子一起朗读抄写的部分，每读一句话，就探讨一下这句话的含义。 对于孩子不理解的句子和词语要单独标记出来。

每天抄写一小时 → **讨论**

抄写的时候，要一句一句用心地抄，不要追求速度，而要认真思考内容背后的深层含义。抄写是一件费神费力的事情，如果孩子能够坚持完成，家长可以给他适当的奖励。

抄写完成后，父母可以和孩子逐一探讨每句话的深层含义，听一听孩子的观点。对于孩子不理解的概念和句子，父母也无须多做解释，先标记出来即可，过后再让他在网络百科或其他书籍中查询。

❖ 摘要笔记：绘制自己的知识地图

如果说阅读故事书的最佳方法是抄写，那么阅读知识类图书的最佳方法则是做摘要笔记。阅读知识类图书时，我们拿着铅笔边读边画线，并在每段旁边写下关键词或段落大意，这个过程可以培养我们的知识归纳能力。而做摘要笔记则更能锻炼我们的归纳能力，把知识类图书的内容整理在笔记本中，不仅能够准确把握全书的知识结构，而且能够将书中知识全部化为已有。当然，做摘要笔记并不轻松，不过如果孩子在学习学校课程时也能采用这种方式，那么学习成绩的提高指日可待。

从表面上看，摘要笔记和课堂笔记没什么区别，但准确来说课堂笔记不是摘要，而是记录。摘要笔记的核心是自己读书后，把核心内容系统地整理在笔记本上，这个过程是由自己独立完成的。课堂笔记则是老师进行了全部整理工作，学生只是把老师的摘要笔记照抄下来而已，因此即使孩子每堂课都做课堂笔记，其知识归纳能力也未必会提高，但如果孩子不依赖老师，而是坚持自己做学校课程的摘要笔记，就可以逐渐提高自身的语言能力和知识归纳能力。那些平时不怎么学习也能取得好成绩的学生往往都是采用了这种方法。当然，严格来说教材并不算是名副其实的知识类图书，而是更近似于知识目录，所以学习效果非常有限。尽管如此，以做摘要笔记的方式学习学校课程的孩子还是会明显优于其他孩子。

实际上，不会做摘要笔记的初中生升入高中后就会感到学习吃力。由于他们平时缺乏独立阅读的训练，因此无法很好地理解和归纳高中知识。下面我们举个非常简单的例子。

爱德温·哈勃发现一部分星体并不属于银河系，而是远在银行系之外的独立星云。为这一发现奠定理论基础的是美国天文学家亨丽爱塔·勒维特发表的脉动变星的光变周期和绝对星等之间的关系。脉动变星会周期性地收缩和膨胀，其亮度也会随之发生变化。在观测数千个脉动变星的亮度后，勒维特发现光变周期越长的变星，其光度越大；相反，光变周期越短的变星，其光度越小。这就是脉动变星的周期—光度关系，也称周光关系。

这是韩国高中一年级科学课本的内容。尽管每页都附有名词解释，但在5分钟之内能够完全理解这段话的高一学生只有十分之一左右，大部分学生读完后都是一头雾水，甚至有的学生会感到头晕目眩，不知所云。这段文字短短几行，如果一个学生连这么短的内容都无法理解，自然也就不可能取得优异的成绩，甚至想要做摘要都不可能，因为不理解内容，就把握不了重点，把握不了重点，当然也就无法做摘要。

对于习惯做摘要笔记的孩子来说，由于一直都是依靠自己的理解能力获取知识，因此可以很容易地提取出该段落的核心内容。这一段的核心内容是哈勃发现一部分星体并不属于银河系，而为这一发现奠定理论基础的是勒维特发表的周光关系。

★脉动变星的周期—光度关系

脉动变星：周期性地进行收缩和膨胀，其光度也随之发生变化的星体。

光变周期越长，其光度就越大；
光变周期越短，其光度就越小。

上面属于最基础的摘要笔记，不过孩子只要能够做到这种程度，家长就完全不用担心他的校内考试成绩了。孩子像这样做摘要笔记，既能提升自身的知识归纳能力，又能为高考做准备，可谓一举两得，此后只要继续完善自己做摘要笔记的技巧就可以了。对于课本中出现的脉动变星、勒维特等概念和人物，孩子可以上网进行查询，这样有助于他更深刻地理解文章，同时也能积累丰富的常识。通过做摘要笔记，孩子的知识归纳能力和语言能力会得到飞速发展，而这些能力都能立即在他的日常学习和校内考试中发挥作用。凭借这些能力，孩子能够更高效地学习，不仅校内成绩会得到改善，高考成绩也会大幅提升。

因此，如果孩子还没有养成做摘要笔记的习惯，那么请父母一定要帮助他培养这种习惯。第一步就是让孩子独自整理学校课程的摘要，这是让孩子在高考中脱颖而出的有效方法之一。

学习型头脑读书法 14：培养知识归纳力的摘要阅读法

（适用对象：中学生）

这种方法是让孩子给一本成人知识类图书做摘要笔记，以此来锻炼其归纳知识的能力。要实施这个方法，首先要具备阅读成人知识类图书并归纳核心内容的能力，如果不具备这样的能力，实施起来会非常困难。当孩子的语言能力达到一定水平后，就可以用这个方法来强化自身的知识归纳和处理能力。阅读能力不强的孩子可以先用前面介绍过的“学习型头脑读书法 9”和“学习头脑型读书法 10”进行训练，等到能力提高后再来实施这个方法，这样效果最佳。

知识类图书的摘要阅读法

拿着铅笔阅读知识类图书	一次阅读一章内容。
标记段落核心内容和不理解的部分	每读完一章，就将这章的内容从头再读一遍。一边阅读一遍拿着铅笔做标记。
重新阅读全书完全理解内容	再读一遍全书，边读边思考如何做摘要笔记。
整理摘要	在笔记本上整理内容摘要。

阅读一章
完美理解

整理摘要

阅读后，如果不能用自己的语言对内容进行归纳整理，就说明没有完全理解。

反复阅读，透彻理解，直到可以用自己的语言来整理摘要。

整理摘要就好像画知识地图，整理一本书的摘要，可以大幅提升自己归纳和处理知识的能力。摘要本身也是贮存知识的仓库，以后只要看摘要就可以想起书的内容。

找到适合孩子的学习型头脑读书法

现将本书介绍的学习型头脑读书法按年级和阅读水平整理如下，大家可以按照孩子的实际情况进行选择。

<table>
<tr><th>学龄前</th><th colspan="6">小学</th><th colspan="3">初中</th><th colspan="3">高中</th></tr>
<tr><td></td><td>1</td><td>2</td><td>3</td><td>4</td><td>5</td><td>6</td><td>1</td><td>2</td><td>3</td><td>1</td><td>2</td><td>3</td></tr>
<tr><td>学习型头脑读书法 6</td><td colspan="2">学习型头脑读书法 7</td><td colspan="4">学习型头脑读书法 1</td><td colspan="6">学习型头脑读书法 2</td></tr>
<tr><td></td><td colspan="3">学习型头脑读书法 4</td><td colspan="9">学习型头脑读书法 5</td></tr>
<tr><td rowspan="3"></td><td colspan="6" rowspan="2"></td><td colspan="3">学习型头脑读书法 3</td><td colspan="3">学习型头脑读书法 8</td></tr>
<tr><td colspan="6">学习型头脑读书法 9，10，11，13，14</td></tr>
<tr><td colspan="12">学习型头脑读书法 12</td></tr>
</table>

量身打造阅读计划

首先为孩子选择适合其阅读水平的读书法，然后让其坚持阅读，逐步提升。第一阶段的目标是让孩子具备正常的语言能力，这样学习学校的课程就没有任何问题。等达到这一目标后再进入深化阶段，此时采用的阅读方法必须经过孩子认可才行，否则只会让孩子失去阅读的兴趣。

示例 1：阅读能力薄弱的小学二年级孩子

学习型头脑读书法 4	→	学习型头脑读书法 7	→	学习型头脑读书法 12
改善阅读能力，摆脱不会阅读的现状。		阅读适合自己年龄的图书，让自己具备正常的语言能力。		反复阅读同一本书，培养良好的语言能力，为进一步学习打下坚实基础。
必选		必选		可选

示例 2：语言能力较强的初中二年级孩子

学习型头脑读书法 2	→	从学习型头脑读书法 3，8，9，10，11，12，13，14 中选择
每两周阅读一本趣味性强的青少年小说，一年阅读 26 本，坚持阅读两三年。		选择适合自己的读书法，坚持半年即可达到超出自己年龄的语言水平。
必选		可选

不把阅读视为学习，方能养成学习头脑

每次准备演讲的时候，我都会告诉自己，只要能把一个孩子引入阅读的世界就算成功，因为我深知这是一件多么困难的事情。

可笑的是，每当我登上讲台，就把这个想法忘得一干二净。看着孩子们聚精会神、侧耳倾听的神情，听着孩子们踊跃提出的问题，我总会产生至少可以把几十个孩子引领进阅读世界的错觉，可是等到讲演结束、激情退却之后，我又不免心情沉重起来。我真的能够成功引领一名孩子走进阅读的世界吗？对此我没有信心。

听演讲的时候好像知道应该怎样阅读，但实践起来却经常遇到挫折，这是许多孩子的常态。我每天都跟孩子们一起读书，当然十分了解其中的困难，于是我撰写了这本《学习型头脑读书法——持续可行的阅读教育》，因为演讲转瞬即逝，无法保存，但是书却可以随身携带，随时翻看。

“现在的学习和以前不一样了，竞争太过激烈。”

这是周围的人经常挂在嘴边的一句话。我们经常会听说某个亲戚在怀孕时进行英语胎教，某个家长把孩子送进了双语幼儿园，邻居家的孩子参加了闻名全国的课外辅导班……当听到这些消息的时候，身为家长的我们难免会焦虑不安。

我们不禁担忧，仅靠阅读教育真的能追上那些孩子吗？自己的孩子不会因此而屈居人后吧？

我非常理解家长们的心情。当他们听说某些孩子放弃了英语、放弃了数学，或者邻居家的优等生在升学之后成绩反而直线下滑时，就会咬紧嘴唇暗下决心："我家孩子一定不能像他们那样。"家长们有这种心理也是人之常情，看着别人的孩子纷纷参加课外辅导班，自己怎么会无动于衷呢？

不过，即使自己的孩子被迫卷入早期教育和课外辅导的洪流，我也希望家长们牢记一点：早教和课外辅导虽然可以缓解家长的焦虑和担忧，但对孩子的高考成绩是没有多少帮助的。

我在过去十余年的时间里一直研究能够有效提升孩子成绩的学习方法和教育方法，通过长期的教学实践和探索研究，我得到了以下两点不争的事实。

第一，从教材的难度上来看，现在和以前的课程难度没什么区别，英语、数学、语文、社会、科学等各门学科都一样。现在的课程和以前不同的言论，完全是市场营销和炒作的产物。现在和过去的唯一不同是如今大部分孩子从小就开始依赖课外辅导，从而丧失了独立学习的能力。

第二，孩子未来的成绩取决于孩子的学习头脑，也就是语言能力。不管孩子掌握了多少知识，提前学习了多少内容，如果自身的语言能力差，他的成绩必然会下降；相反，尽管孩子的知识量不足，基础薄弱，但是只要语言能力强，孩子的成绩一定会逐步提升。这种成绩的变化一定会发生，只是时间早晚而已，有些孩子的成绩变化发生在初中，有些发生在高中。总之，孩子的学习成绩最终会与他的语言能力成正比，这是不刊之论。

如果你希望孩子学习好，能够考上好大学，那么就让他把阅读放在第一位吧。不要让课外辅导榨干孩子的课余时间，而要给孩子创造良好的阅读环境，留出充足的阅读时间，让孩子充分体会阅读的乐趣。

当然，无论何时都把阅读放在第一位并不是轻而易举就能做到的事情，但也不是绝无可能的事情。请相信热爱阅读的孩子。

如果孩子希望通过阅读提升自身的语言能力，并想要根据自身的年龄和水平选择合适的阅读方法，那么我相信这本书可以起到像灯塔一样的指引作用。

最后，我想以学习型头脑读书法的总原则作为这本书的结尾："想让孩子取得优异的成绩吗？那么就让孩子尽情阅读他感兴趣的图书吧！因为只有正确的阅读教育才能真正提升孩子的学习能力。"

崔胜弼